宁波高手①

——再战江湖 短线法宝 岂容错过

（第二版）

雪 峰 小 美 著

地震出版社
Seismological Press

图书在版编目（CIP）数据

宁波高手.1，再战江湖 短线法宝 岂容错过/雪峰，小美著. —2版.—北京：地震出版社，2016.1

ISBN 978-7-5028-4666-4

Ⅰ.①宁… Ⅱ.①雪… ②小… Ⅲ.①股票投资—中国 Ⅳ.①F832.51

中国版本图书馆CIP数据核字（2015）第205867号

地震版 XM3628

宁波高手①（第二版）

——再战江湖 短线法宝 岂容错过

雪峰 小美 著

责任编辑：朱 叶

责任校对：庞亚萍

出版发行：地震出版社

北京市海淀区民族大学南路9号　　邮编：100081

发行部：68423031　68467993　　传真：88421706

门市部：68467991　　传真：68467991

总编室：68462709　68423029　　传真：68455221

证券图书事业部：68426052　68470332

http://www.dzpress.com.cn

E-mail：zqbj68426052@163.com

经销：全国各地新华书店

印刷：三河市嵩川印刷有限公司

版（印）次：2016年1月第二版　2016年1月第一次印刷

开本：889×1194　1/32

字数：130千字

印张：7.5

书号：ISBN 978-7-5028-4666-4/F（5359）

定价：26.00元

卷首语

股市总有牛和熊，
通常都牛短熊长；
机会就在市场中，
无须打听消息股。
黑马总在我手中，
资金推动显真功。
七个涨停就翻倍，
君何须东张西望？

小美

畅游股海

大鳄狂风掀巨浪，股路顿茫茫，玲若雪；

散户在虎口淘金，似无限风光，在险峰！

再版序言

自从《宁波高手》系列图书公开出版发行之后，深受广大投资者的喜爱，出版社和作者都收到了很多读者的感谢信和短信，现摘录几条如下：

“雪峰、小美老师您们好：在逛书店时，偶然发现《宁波高手》系列丛书，买了一套。读后受益匪浅，实有相见恨晚的感觉。感谢雪峰老师能为广大股民写出这么好的图书。”

“你们的书写的真的太好了，使我这次找到了ST大通、ST天香、ST兴业、ST博讯这四支股票。在这里表示十分感谢，同时也祝福你们的操作水平不断提高，老乡浙江人。”

“雪峰老师，今夜刚看完你的《宁波高手④》，心中热血沸腾，难以平静，我想成为你的学员，学习最优秀的战术，跟随涨停的足迹成为新的赢家！正如你而言，只有成功的人才能够传授至上的心法，通过努力的学习加上你的超级短信，我相信会与你股性相通，快速成功，最终投资实现，贡献创新是我的愿望与目标！也如你而言，读你的书是缘分，请告诉我开始的路吧！一个抓不好主升浪的年轻人。”

“小美老师：你好！前不久在书店发现你写的《宁波高手》，如获至宝，赶忙拜读，真金玉良言，读完5遍后，照书中观点，果断追入澳柯玛，突破生命线，真的小有收获。非常感谢你的大作!! 希望能够出更多这样的好书!”

读者的喜爱，使这套书在短时间内销售一空，为了让更多的读者朋友学习到“宁波高手”最顶尖的短线操盘技术，我们在地震出版社编辑的努力和帮助下，决定再版这套丛书。

大牛市，怎样阅读《宁波高手》系列丛书收获会更大?

用心去领会书中的言语，感悟市场真正的动力。看到你喜欢的文字和语句一定要用红笔划出来，对照K线图，回想自己的炒作过程，反复研究领悟，做好笔记。

读好《宁波高手》图书，让自己成为短线高手，分享超级大牛市的盛宴！只要你愿意去改变自己，下定决心，相信并且使用经过市场验证的正确的方法，你的精神状态和生活都将发生巨大的变化，成为一个在股海中冲浪的高手只是时间问题，没有技术障碍。股票市场就是你财富翻倍的地方，股票市场就是你出人头地的场所。

有时间可以登陆宁波高手网：www.nbgs.com.cn，非常感谢您购买本书，更希望您在投资市场取得永久的成功。

雪峰　小美

2007年5月

目　　录

中篇　再起风云黑马篇

下篇　宁波高手英雄篇

前　言

我的投资理念是：资金推动股价上扬，股价未涨量先涨。

感谢曾经为此书的出版给予我们帮助的朋友，使此书可以崭新的面目与读者见面！

《宁波高手》奉献给助人为乐、品德高尚的真挚股友。这是专为聪明人准备的一本好书，所说的都是一些有针对性的问题，对于有股票经营经验的投资者来说也可作为更上一层楼的钻研读物，对股市完全没有概念的朋友也可以从中得到你想要的东西。书中自有黄金屋。只要你对照着例子的K线图形态，细细品味其中的个股走势和解说，就可以深悟股市的内在规律，感悟股价走势的韵味，步上股海悟道的坦途。

本书主要分为三部分：上篇宁波高手世纪精华篇，主要是对股市中的一些经典和股市固有的规律进行透析；中篇再起风云黑马篇，主要是对黑马股的深入研究以及对于著名成功人士所运用的方法、策略、原则等的论述；下篇宁波高手英雄篇，主要讲述有目标、有抱负的人是怎样一步步成功最终达到一本万利财源滚滚的。相信广大读者看完本书以后，将会对未来更加美好的生活充满信心。我们期望读者从中得到启发，勤学习，多思考，磨炼意志，掌握投资技巧。

中国股市波动规律博大精深，非一日能参透其中奥妙。本书的编写存在种种疏漏，错讹亦在所难免，敬请各位前辈高人和读者给予批评指正。

请把您的建议发到我们的电子邮箱 kx888168@sina.com 或者 xuefeng8008@tom.com。或者 nbgs888168@sina.com，我们将竭尽所能为广大投资者服务。

雪　峰

上　篇

宁波高手世纪精华篇

第一章 只做第一高手

“神枪手”——逆市抓黑马如探囊取物

“聚宝盆”——只做强中强如石破天惊

以下全面简略介绍一下大资金的短线法宝

一年翻三倍的赢利模式：

在1999年笔者提出3000万元一年翻三倍的时候，还有很多机构认为是不可思议的事。然而，时间与事实证明证券市场确实存在着这样的机会。正如爱迪生发明了电灯，让黑暗变得光明，在此之前又有谁会相信知识会改变一切?有位成功的富豪说过：“什么事都是可以做到的，什么问题都是可以解决的，只要你去想，方法总是有的。”简单的话，道出了哲学的内涵。往往真理都是最简单的。

在宁波高手大资金一年实现利润400%～500%的事实面前，没有人再怀疑知识可以改变命运。

宁波高手号称“涨停敢死队”，是中国股市成交量贡献最多的最活跃的一股资金力量。没有长线短线之分，只有生存才是最重要的。不管是在熊市，还是在牛市，只要能够长期保留实力生存下来，就是高手。幸存者始终坚守“生存第一，赚钱第二”的原则。

不断地创新，从思维的局限中跳出来，然后从一个更广的层面去看问题。不断地思考新的模式，当一种赢利模式被广泛地应用的时候，就是它最鼎盛的时期，当这种模式出现了亏损的时候，必然会被另一种新的赢利模式所代替。随着中国经济的不断发展，证券市场的发展也将迎来新的曙光，快速稳健发展的证券市场必然会让我们感受到股市春天的到来。

入市原则：“生存第一，赚钱第二。”

操作原则：凶狠无情。

操盘设计：

根据对自己有利的情况，灵活机动地掌握作战的主动权。根据最新大盘走势，随时制订出击目标股。

(1)所需要资金规模：6000万～8000万元。以短线灵活操作为主。所牵引的资金将会形成排山倒海的海啸般威力。

(2)利润所在：如果运作成功一年可以翻三倍的利润。成交量可以说是无法想象的一个巨大数字，每天可以达到以前一个月的成交量。

(3)风险控制：由于短线操作，风险的控制更加合理。

根据大盘短期走势控制资金和仓位，最好是经常空仓，不要留有股票。

(4) 具体运作策划：不管如何，第一次、第一只股票必须成功，平手出局都要作出效应，而且一定要涨停。树立威信和行内品牌，对整年的运作尤其重要。

(5) 行动纲领：迅速吸货，闪电拉抬，快速出货。

具体作战战术：

(1) 选形态较好的个股。即底部构筑比较扎实，放量温和，小阳慢推。如果没有短线资金参与，就算不能放量涨停，早晚也要向上突破。在此阶段介入有如推波助澜，时机把握恰到火候，成功率自然大增。

(2) 控制持股成本。买入成本远远低于市场平均成本，因此，在涨停后，也不至于马上引来大量解套盘，保证第二天安全脱身。

(3) 不碰高度控盘的庄股，尤其是前期经过大幅炒作的庄股。因为这类庄股很难吸引大量散户跟风炒作，自己进出也不方便。

(4) 重“价”更重“势”。绝不参与下降通道中的个股，因为这些个股上行能量太弱，难以成为短期热点。

(5) 问题股、PT 股、ST 股坚决不介入。

操盘流程：

(1) 首先看涨幅榜，搜索前面两版，大盘向好时，要求个股涨幅大于2%，大盘调整时要求目标个股强于大盘。如果目标股是板块热点群体，则更好。初步发现X股、Y股和Z股，这是第一次筛选。

（2）搜索成交量比昨天放大的个股。如果第一次筛选出的个股量比小于1则立即剔除。如果X股、Y股、Z股也同时符合量比要求，则做第二次确认。

（3）打开日K线图，断定X股、Y股、Z股是否处于盘底末期，或上涨阶段初中期，如果是，立即做第三次确认。如果处于上涨阶段末期，或已经处于三个波段上升后的做头阶段，立即剔除；如果还在下跌阶段，则更要立即剔除，毫不犹豫。

（4）最后确认如果目标股满足以上三个程序，则立即打开周线图。如果该股周线也在盘底完成末期，或上涨初期，可立即以60%资金在第一时间坚决买进。如果大盘在阴跌过程中成交量在50亿以下，则只能用小仓位快进快出。

（5）不断地像短线投机大师索罗斯那样反问自己“确不确认”。如果确认，就问“全仓还是半仓”。如果在操作之前还有犹豫就主动放弃，再给自己一次机会。如果是肯定的，就全仓买进，不断地根据变化的市场进行思考。如果错了，要有勇气马上改正。

资金分配策略：

（1）用三分之一资金建仓。

(2)以三分之二封涨停，同时分批卖出建仓的货。

(3)10：00，用三分之一拉升最高，在10：30前卖出所有封涨停的货。

(4)如果第四天不跌则全仓抛空。

资本运作分时图谱(图1-1)如下：

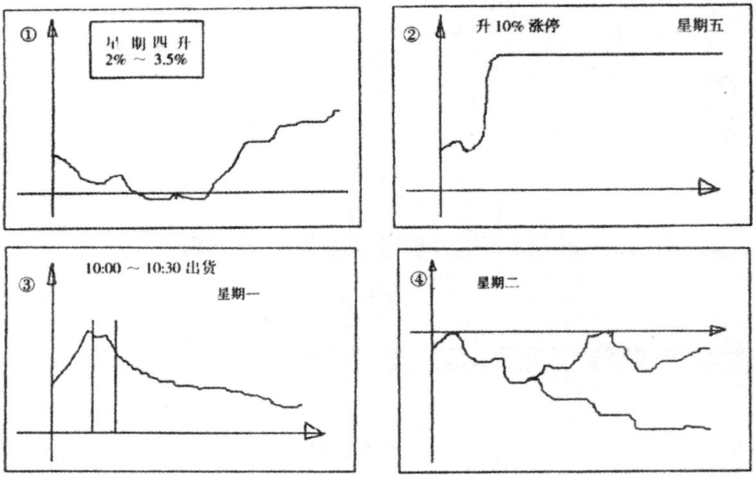

图1-1

战例图谱对照：

由于成功的涨停例子太多，无法一一列举，下面列举部分给大家作研究。600608上海科技(图1-2)、600699辽源得亨(图1-3)、000625长安汽车(图1-4)、600016民生银行(图1-5)、600231凌钢股份(图1-6)、600253天方药业(图1-7)、600653申华控股(图1-8)、

600039 四川路桥（图 1-9）。涨停板其实是行情启动的

图 1-2

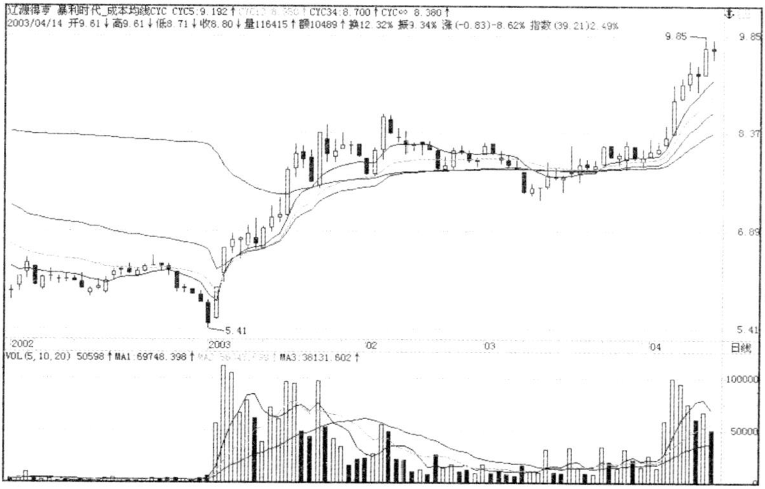

图 1-3

重要信号。

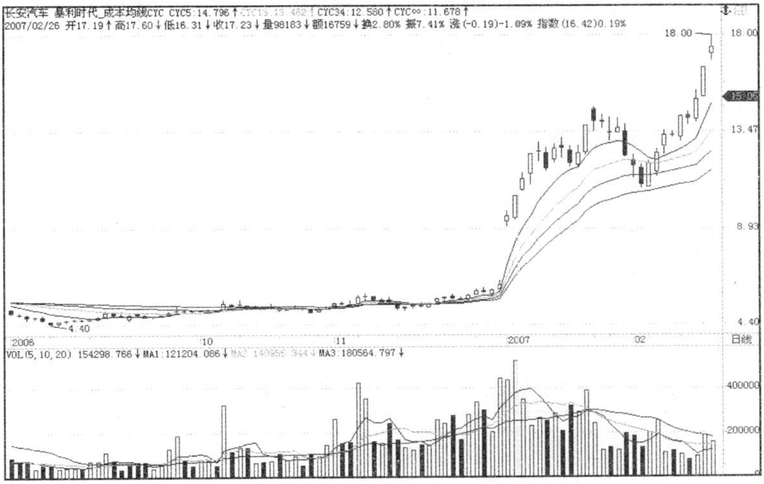
长安汽车 暴利时代_成本均线CYC CYC5:14.796↑ CYC34:12.580↑CYC∞:11.678↑
2007/02/26 开17.19↑高17.60↓低16.31↓收17.23↓量98183↓额16759↓换2.80% 振7.41% 涨(-0.19)-1.09% 指数(16.42)0.19%
18.00
18.00
13.47
8.93
4.40
4.40
2006
10
11
2007
02
日线
VOL(5,10,20) 154298.766↓MA1:121204.086↓ MA3:180564.797↓
400000
200000

图 1-4

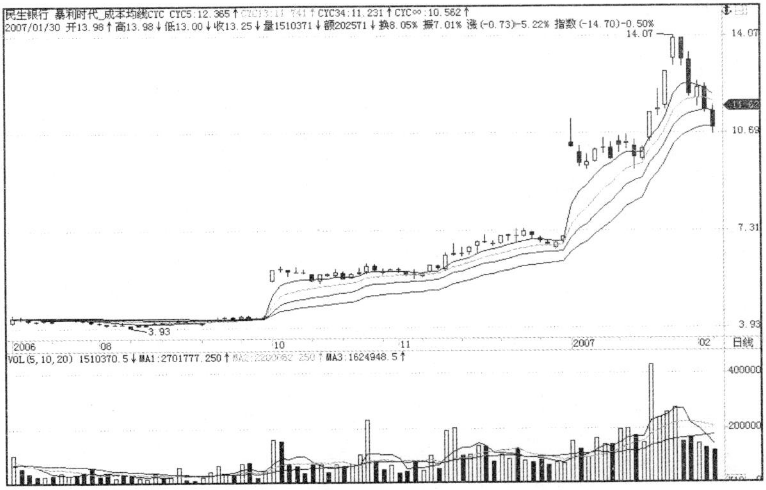
民生银行 暴利时代_成本均线CYC CYC5:12.365↑ CYC34:11.231↑CYC∞:10.562↑
2007/01/30 开13.98↑高13.98↓低13.00↓收13.25↓量1510371↓额202571↓换8.05% 振7.01% 涨(-0.73)-5.22% 指数(-14.70)-0.50%
14.07
14.07
10.69
7.31
3.93
3.93
2006
08
10
11
2007
02
日线
VOL(5,10,20) 1510370.5↓MA1:2701777.250↑ MA3:1624948.5↑
400000
200000

图 1-5

凌钢股份 暴利时代_成本均线CYC CYC5:7.446 CYC34:7.167 CYC∞:6.98
2007/03/09 开7.54↑高7.76↑低7.42↑收7.60↑量143193↑额10870↑换6.70% 振4.5 % 涨(0.06)0.80% 指数(9.89)0.34%
7.96
3.37
7.96
7.60
6.43
4.90
3.37
2006
10
11
2007
02
03
日线
VOL(5,10,20) 143192.547 MA1:114145.313 MA3:159830.984
300000
200000
100000

图 1-6

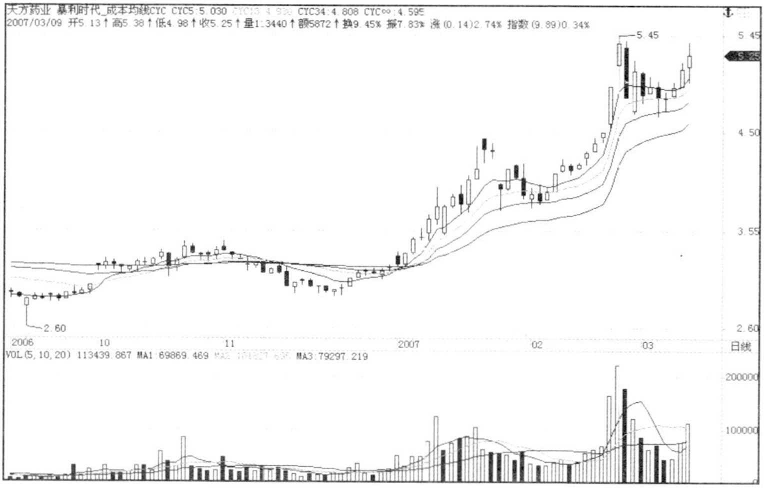
天方药业 暴利时代_成本均线CYC CYC5:5.030 CYC34:4.808 CYC∞:4.595
2007/03/09 开5.13↑高5.38↑低4.98↑收5.25↑量1:3440↑额5872↑换9.45% 振7.83% 涨(0.14)2.74% 指数(9.89)0.34%
5.45
2.60
5.45
5.25
4.50
3.55
2.60
2006
10
11
2007
02
03
日线
VOL(5,10,20) 113439.867 MA1:69869.469 MA3:79297.219
200000
100000

图 1-7

申华控股 暴利时代_成本均线CYC CYC5:4.255↓CYC13:4.255↓CYC34:4.255↓CYC∞:4.255↓
2007/03/09 开4.30↓高4.30↓低4.16↓收4.21↓量465796↑额19645↑换3.20% 振3.24% 涨(-0.11)-2.55% 指数(9.89)0.34%
4.38
4.38
4.21
3.58
2.78
1.98
1.98
2006
10
11
2007
02
03
日线
VOL(5,10,20) 465796.281↑MA1:536168.625↑MA2:596036.250↓MA3:547260.313↑
100000
50000

图 1–8

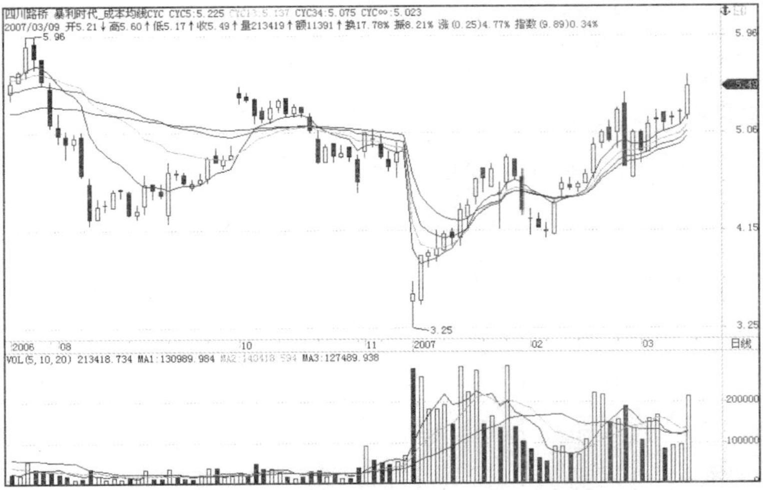
四川路桥 暴利时代_成本均线CYC CYC5:5.225 CYC13:5.137 CYC34:5.075 CYC∞:5.023
2007/03/09 开5.21↓高5.60↑低5.17↑收5.49↑量213419↑额11391↑换17.78% 振8.21% 涨(0.25)4.77% 指数(9.89)0.34%
5.96
5.96
5.49
5.06
4.15
3.25
3.25
2006
08
10
11
2007
02
03
日线
VOL(5,10,20) 213418.734 MA1:130989.984 MA2:140418.594 MA3:127489.938
200000
100000

图 1–9

第二章　冲浪的人

股市资本运作主要的研究对象是人。人是影响股价的最主要根源。股价的升升跌跌这一永不停息的运动过程无一不是人为地调控着的。在股市频繁的波动过程当中，很多投资者在投资，但更多的人在从事以赚取差价为目的的投机活动。“中国股市投资的目的就是博取差价”是著名股评侯建国的投资理念。本章冲浪的人，就是专门为喜欢投机博取差价的投资者而倾力编写的经典章节。短线绝技看风使舵是冲浪的人必须掌握的技巧，本章奉献的专业、独到之见解，必可助你步上成功之路。

本章包括五部分：第一节上升途中的黑马股，讲述的是一种股票长期处于上升的过程，发现这种股票时可以大胆买入。第二节加速上升的大黑马，讲述的是开始进入主升浪的股票，应该马上买进。第三节经常涨停的强势股，讲述非常凶猛的主力庄股经常涨停板，是投机者密切注视的股票。第四节危险的冲浪运动，炒股票就像冲浪一样，是一项非常危险的运动，如果你掌握良好的技术就可以在浪端任意游弋随时提取你想要的金钱。第五节把握最赚钱的机会，讲述在某种特定的条件下你的投资风险为零，每一位投资者都要尽可能把握这种“派利市”的机遇。

第一节 上升途中的黑马股

黑马股就是大家都认为不可能成为大涨一番的股票竟然出其不意地翻倍飙升，以及冷门股突然在大涨后还能变成大热门股。这需要有能力的金牌庄家才能让本来平平无奇的股票突然脱胎换骨，成为题材多多传闻多多的“脱缰之马”，让所有投资者为之侧目，股评家为之大跌眼镜，说什么也不相信连这样其貌不扬的股票竟然也会成为抢手货！

上升途中的黑马股是大家都看到该股在上涨但还没有结束上升态势的黑马股，没有人敢想象该股会不断上涨，就算跟进了也很快就中途被震出来了。

下面介绍一下上升途中的黑马股：

(600601) 方正科技(图 2-1) 上升途中黑马股战例分析。

公司基本情况：

上海方正延中科技集团股份有限公司是上海工业类股票。总股本是 18662.40 万股，流通盘18662.40 万

图 2-1

股。主营业务是经营电子计算机及配件、软件，非危险品化工产品，办公设备及消耗材料，电子仪器，建筑、装潢材料，百货，五金交电，包装材料等。主要产品是方正牌系列计算机、电脑配件，实业牌晒图机、晒图纸之类易耗品等。该公司十大股东是北大方正、金鑫基金、虹兴储运、江苏长虹、金泰基金、泰和基金、同盛基金、北大科技、鑫达钢材等。

技术看盘分析：

该股从技术面看是比较典型的上升途中的黑马股，自从 1996 年 2 月份开始启动连续一波一波上升浪展开，每一次行情都有所表现，已经有五次上攻行情，启动点分别在 1998 年 1 月、1999 年 5 月、1999 年 12

月。每一次上攻时都有成交量配合，每一次下跌都有明显缩量回调的特征。由于这种上升途中的黑马股是比较清晰的，因此在看盘过程当中是比较容易捉住的。如该股月线图每次缩量回调到 24 天移动平均线就可以买进了。方正科技上市公司是一家由非常精简的高技术人才队伍所组成的。虽然人很少，但每一个工作人员都有独当一面的本事。在记者采访其上市公司的时候就看得出来。

消息公报分析：

方正科技 5 月 14 日发布公告，接到北京北大集团公司通知，截至 2001 年 5 月 14 日该公司通过证券交易所的证券交易，持有上海方正延中科技集团股份有限公司的股份共计 935.1 万股，占公司已发行总股本的 5.0107%。据方正科技的年报资料：北大方正 2000 年底的持股量 703.20 万股，占总股本 3.77%。现在北京裕兴举牌方正科技。

此消息公告说明一家好的上市公司，如果被其他财团看中就很有可能出现收购与反收购的二级市场大战，从而使股票交易量放大，旁观者可能会大胆买进，让其两家公司因为控股权之争而渔翁得利。但要谨防北京裕兴与方正科技是同党。市场消息永远是外人难以预料的，投资者要谨慎思考。所谓内幕，不足为外人道也！

成熟的股民，从来不相信“内幕”可以让人发大财。正因为人性的贪婪，才会有更多的相信假消息的人上当受骗。中国股市还处于不完善的阶段，很多问题有待解决，法规也在不断出台。其中，有机构和券商不能参加“擂台赛”或“模拟操盘”等公诸媒体的报道，“理财工作室”不能发表言论等等一系列的法规不断出台，是中国股市走向成熟的必然之路。

第二节 加速上升的大黑马

加速上升的大黑马就是经过主力机构反复多次震仓后，已经形成上升通道的个股进入短期大幅攀升的黑马股。该种黑马股是最具有魅力的个股，急速拉升意味着要发财了。捉住该种加速上升的大黑马是我们每一位职业操盘手的职责。

想成为最成功捉加速上升大黑马的能手，必须经过严格的看图训练和意志修炼，还要看透财务报表的内涵。

一般来说，看图训练时读者可以打开宁波高手系列丛书的任何一张K图，对着电脑，按照书中所提示的日期进行看图练习。等你进行一段时间的看图训练后，你的能力的提高就会从量变转化成质变，从此豁然开朗，思路清晰而流畅。股票市场将成为你专用的提款机。

投资者一般都不知道一个操盘技术过硬的操盘手是怎么样锻炼出来的！我们一般要求操盘手每天看着同一只股票，连续看一周。然后，要他判断该股所处的状态。最后，让市场的真实表现来验证操盘手的判断技巧和分析水平。连续看一只股票持续一周能够锻炼人的专注精神，同时写出结论。事后，经过验证，水平最高、操盘本领最过硬的人就是该行业的精英了。只有经历残酷的验证，才可以总结出实战的经验，测试提升自己的分析水平。在你的预测判断和操作策略达到70%的成功率时，就已经可以信赖自己的能力大胆操作。如果你还没有达到较高的成功率，那你就要加大看图训练量，多做功课才可以提高操盘水平。

下面我们介绍一下加速上升的大黑马：

(000975)乌江电力(现改为S科学城)(图2-2)加速上升的黑马股战例分析如下：

公司基本情况：

重庆乌江电力股份有限公司，总股本18500万股，流通盘4800万股，每股收益0.20元，每股净资产3.76元，属于公共事业类型，能源开发行业。主要经营：水力发电，供电设施设备维修、调试，房地产开发，建材生产等。十大股东情况：重庆乌江电力集团、重庆市水利电力产业(集团)有限责任公司、江苏江动

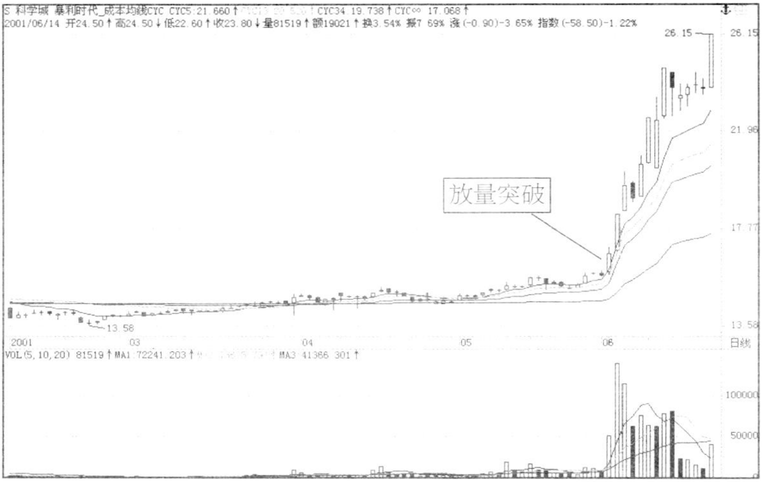

图 2-2

集团有限公司、重庆市黔江县小南海（集团）公司、重庆市鼎泰电力有限公司、重庆拓源电力公司、金鑫证券有限公司、江西电机有限公司、中国兵器装备集团公司、南京新港科技有限公司。

技术看盘分析：

（000975）乌江电力，该股在 2001 年 5 月 29 日盘面可以看出主力控盘度比较高，在回档到短期 15 天均线后就有所支撑，而且收出两条小阳线止跌，按照世纪起点的控盘度指标已经达到 94%，表明短期股价有可能推高 10%以上。根据振荡上升的潜力股要做波段的经验，就大胆推荐给 5 月 30 日到世界贸易中心大厦听课的读者。结果，一个星期内就从 15 元多大涨到 6

月 7 日最高 19.73 元。一只黑马股在最短的时间内达到马达一样的爆发力，才算是加速上升的大黑马。为了让读者亲自感觉“看图训练”和“意志磨炼”的职业操盘手历程，可以对着电脑翻开 K 线图分析加速上升的大黑马在加速上升之前的成交量和上升通道的斜率。在加速上升的过程当中一定要有“马力”——成交量。有成交量的配合，股价的连续大幅上涨才有爆发力和“黑马相”！

消息公报分析：

《证券时报》在 2000 年 4 月 20 日刊登了乌江电力的一条消息。

公司是由乌江电力集团作为主要发起人，联合小南海集团、锰业集团、水电物资公司及水电建安公司共同发起设立的。1999 年 5 月 20 日重庆市人民政府渝府[1999]90 号文批准公司设立。1999 年 6 月 15 日在黔江开发区召开公司创立大会，公司股东审议通过了公司设立、公司章程等议案，选举产生了公司董事会、监事会。同日公司董事会、监事会分别召开了公司第一届董事会一次会议、第一届监事会一次会议，分别选举了公司董事长、副董事长、监事会召集人；公司董事会聘任了公司总经理、副总经理、董事会秘书、财务负责人。公司 1999 年 6 月 18 日在重庆市工商行政管理局登记注册，法人营业执照号为：渝直

20284425—2。

根据资产重组方案，乌江电力集团公司将其所有21座水力发电站的整体资产投入公司，带入相关负债；小南海集团将其所属的嘉禾水电站的整体资产投入公司，带入相关负债；锰业集团、水电物资公司、水电建安公司分别投入公司现金50万元。经过资产评估并经财政部财评字[1999]182号文确认，乌江电力集团投入公司总资产为31469.59万元，负债为16767.62万元，净资产为14701.97万元；小南海集团投入股份公司的总资产为865.16万元，负债为31.58万元，净资产为833.58万元；锰业集团投入现金50万元；水电物资公司投入现金50万元；水电建安公司投入现金50万元。这样，各发起人投入股份公司的资产总额为32484.75万元，负债为16799.20万元，净资产为15685.55万元。

2000年4月，公司发行A股8000万股，形成总股本18500万股。

从上面的基本面公告分析，资产重组是股市中永恒的题材。只要有题材，流通盘又不大，主力机构投资者就一定会重点关照。一般情况下流通盘在5000万以下，总股本在2亿以下的股票，特别是没有太多投资者关注的股票或名字特别的股票都很有黑马相。根据以上条件，相继跑出大黑马的个股在次新股当中跑出的几率更是占大多数。

为了活跃世贸大厦的社区文化，笔者应邀于2001年5月30日在广州市世界贸易中心大厦培训室作《股市实战应变策略》报告会时，向现场几百名读者和股友推荐(000975)乌江电力作为短线黑马股，当时很多人都做了记录。该股果然出现大幅拉升。试想，笔者的几位好友都大量买进，还有到场听课的股友也有一部分人买进，其中在广州最高级写字楼开公司的老板和附近写字楼的建筑商还有高薪白领，每人买一点，股价就这样飞起来，股评人士于该股形态走出来时又添一把火，乌江电力就像一匹脱缰的野马，没有道理不涨了！在广州或深圳通常能够推动股价的资金动力大多来自从事房地产开发的大老板。

(000157)中联重科(图2-3)加速上升的黑马股战例分析如下：

公司基本情况分析：

长沙中联重工科技发展股份有限公司是湖南地区综合类的上市公司，该股总股本15000万，流通盘5000万，发行价12.74元。主承销商是联合证券有限责任公司，十大股东是：建设部长沙建设机械研究院、长沙高新技术产业开发区中标实业有限公司、联合证券有限责任公司、广州黄埔中联建设机械产业有限公司、北京瑞新建设技术开发有限公司、北京中利四达

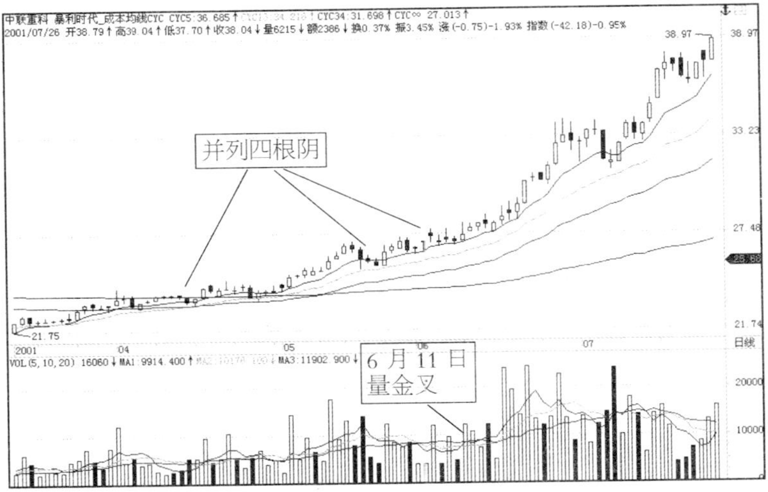

图 2–3

科技开发有限公司、广州市天河区新怡通机械设备有限公司、安顺证券投资基金、汉兴证券投资基金、安信证券投资基金。从该股基本情况看，该股具有高科技成分，而且总股本和流通盘都适中。记得阿城钢铁(科利华)当时第一大股东也是研究院。

该股没有太多投资者看好，当大盘出现跳水时，该股主力却发动上攻行情，成交量始终没有放大，出现了涨幅惊人的逆市黑马，其加速上升的特点也是一个重要的特例。

在大盘振荡盘升的时候，中联重科的主力已经开始推高，在 2001 年 5 月 21 日最高达到 26.90 元，突破上市第一天的最高价 26.70 元。然后调整连续几天收阴线，把跟风盘全部洗干净。从 2001 年 5 月 28 日到 7 月 25 日的 43 个交易日，该股股价从 25.51 元到 38.97 元大涨十多元，大盘在一遍风声鹤唳中有如此涨幅的个股也是非常耀眼的一道风景。然而，主力出货却成了一件非常困难的事情。当大盘 2001 年 7 月 24 日宣告回天无望的时候，该股却创出新高。所有跟该股的股民经过多年的磨炼早已出货回避风险广唯独主力顶风强出头，结果满仓货就是没有人跟风追高!有钱做庄吸货、推高股价是非常容易的事情，但能否在相对高的价位全身面退，则是做盘高手的唯一专利。

其实做庄并不是一件容易的事，而且最重要的是当一直被别人认为绝对不可能出现的情况，在不经意中就出现了。对大盘准确的判断是做庄最主要的分析，对上市公司的调研是成功的关键所在。

笔者在广州明月一路西南证券曾经推荐该股作为短线黑马股。很多投资者是在大幅攀升时才介入，而笔者在 6 月 11 星期一大盘刚见顶时就在西南证券中户大堂推荐了(000157)中联重科。资金是推动股价上涨的最重要的动力，只有大量地买进才可以推动股价的加速上升。在主力控盘后即将拉升的时候买进是短线买股的绝招。在控盘后最后震仓完后买进是最高超的短线小资金操盘技巧。但是，这次推荐很多人没有买该股，因为一个理由，就是当时股价在 27 元附近，一般的投资者不敢买高价股。其实，股民又掉进了另一个误区。股价的高低是相对而言的。在亿安科技从10元涨到50元时你买进还可以涨到100元以上；也就是说50元并不贵，在该股还没有涨完之前或者买进后还有快速拉升的过程，你还可以以更高的股价转手卖给别人。但是，当亿安科技从126元跌到50元时，你买进，以为50元不贵，其实，它却是未来一段时间内的高位，买进后一路下跌，没有再涨过，最后不得不亏本卖出，这就是高位。这里只说明一个问题，股价的高位和低位是相对而言的，并不是买卖的最主要因素。股价能否加速上升，股票能否有利可图，才是买卖股票的决定因素。我也非常认同“投资中国股市就是以博取差价为目的”，“短线赚钱才是硬道理”的观点。

第三节　经常涨停的强势股

经常涨停说明这是一只强势股。股票就是这样，强者恒强。你也许不会明白，为什么自己老是在涨停前就把股票卖掉了，结果，该股不断上涨，自己再也没有勇气高价买回。黑马往往就在你犹犹豫豫中诞生！结果不断涨停又没有逮住。也许，你会发现，其实今天涨停的股票，你好像也曾经买过。经常涨停的强势股是我们赚钱的主要源泉。只有这种股票最容易把握，因为涨停表明主力做多的欲望非常强烈。我们知道主力想做多，无非几种形式推高，变化也不是很多。

经常涨停板的强势股的特点：

K 线图大阳线比较长，阳线的实体比较大，K 线图的上下振荡幅度比较大，这是强势股的最明显特点。涨停的股票一般都是连续上涨的股票或者是严重超跌的股票比较多。对于这样的强势股的特点，我们有很好的策略对付主力——采取凶猛的操作方式。四字诀：做到“狠”、“猛”、“准”、“快”。操作上尽可能做到干脆利落，快进快出，决不拖泥带水。一般经常涨停板的强势股，都是表明主力做多意图决心很大的动机，大多数都会快速拉离成本区，放量对冲突破压力位，或者快速缩量涨停板而且很早封死涨停板当天再没有打开过。“狠”就是要让自己像狼一样无情，像主力庄家一样毒辣、铁石心肠。“猛”就是要有魄力和胆识，还要有气势，就能重仓猛地杀人。“准”就是判断要正确，这是最关键的，要经过思考不能一时冲动。因为全仓杀人更需要成功，否则损失巨大。“快”就是作出判断后行动要快，决不能犹豫，慢半秒就可能价格高了，因买不进而错失良机。没有理解上述四字诀的投资者很有可能出现这样的现象：明明看准了黑马，却无法赚到它的钱!错失买进良机后，资金空着，草率买进别的股票又没有控制仓位。结果没有买进的黑马老是涨停板，草率买进的死马却不停地盘跌。气都无处出！

此时的中国股市真是变化多端，涨停板的强势股是属于超级强势股，具有经常涨停板的强势特征。针对这一特征我们可以采取这样的投资策略，分析看好长期跟踪的，有把握的，全仓杀入。正因为股市的涨跌变化太快，我们就应该分类详细，具体分析具体操作的方法和应付的技巧。单靠感觉炒股的年代好像已经过去，个股联动，连续涨停与连续跌停的实际风险机遇在股市依然存在。

下面我们分析一下哪些封“涨停板”的股票是强势黑马，哪些“涨停板”是主力出逃的假象。掌握其中的奥秘就可以迅速把握黑马短线赚快钱，与主力共同谱写亮丽的涨停分时图。每一个学会的人都能够轻易地追进涨停股，轻松感受一买进就涨停板的快乐。究竟哪一类是可以大胆买进博取差价的呢?哪一些又是不能买进的呢?

宁波高手是怎样买卖涨停股的？

当股价接近涨停板或刚涨停板时，这种情况可以考虑积极大胆买进，短线赚取差价的机会和几率很大。

(1) 对于投资者自己长期跟踪关注的“好股票”，当其出现涨停板时，可以根据平时观察的买卖力度判断是否有持续上攻的能力，如果有，就马上买进；如果没有，就当天卖出一半，第二天一早全部卖出，等回调几天再找介入点位。如果这种股票是目前的热门股或者题材比较明朗，还有大资金介入的迹象，此类“涨停板”的股票投资者可以短线快进快中。如果成交量配合比较好，可以中线关注短线参与，因为股票的振幅很大，差价非常可观。例如：1998 年 1 月 8 日封涨停板的(000506)东泰控股(图 2-4)就是一个非常值得分析的例子，后面的振幅差价非常诱人。

(2)在某只股票短期内快速进入强势，股票 K 线图连连以阳线报收，同时成交量快速放大；当股价离该股启动最低价的距离达到 15%以内时可以买进。此时“涨停板”离其主力成本非常接近，买进的安全性很

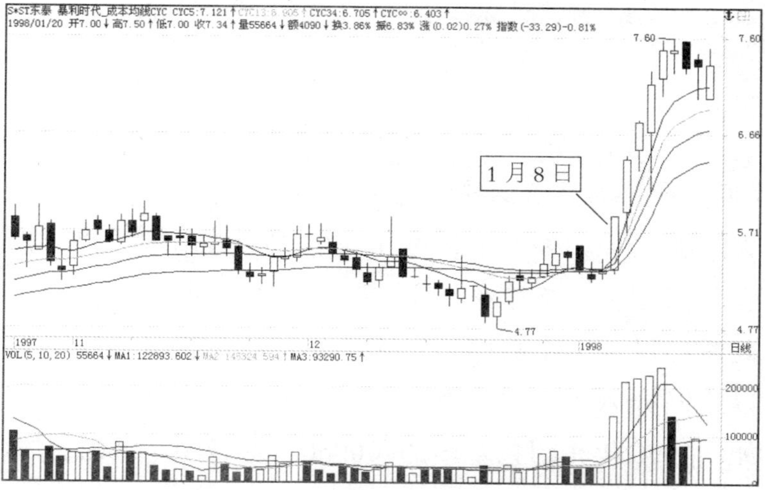

图 2-4

大，后市的获利空间也较大。大胆介入，马到成功。例如：(600735)兰陵陈香(图 2-5)1997 年的 9 月 8 日的涨停板。

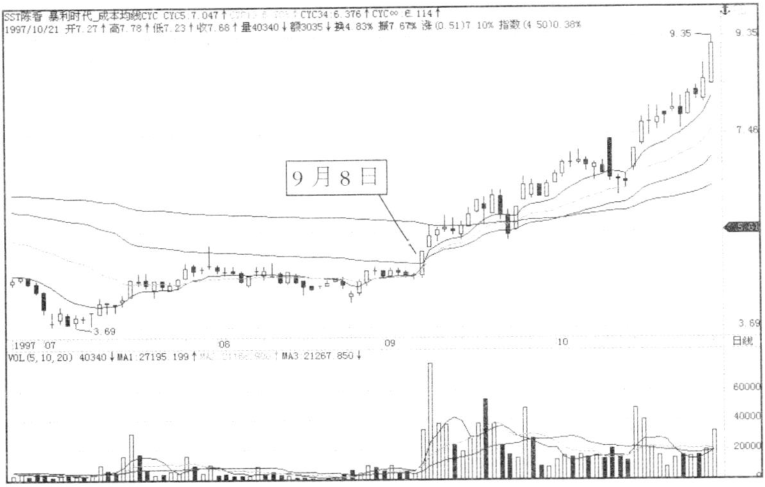

图 2–5

(3)如果某只股票因为朦胧消息影响，股价出现将“见光死”的回落调整或者重大利空消息公告导致股价大幅跳水，如果调整幅度比较大在谷底出现横盘，所有人都对该股没有兴趣时该段却出现放量，物极必反，此时出现第一个涨停板封得很死。这种情况出现时可以果断介入做一波行情，获利相信也会非常惊人！例如：1996 年 12 月 27 日的(000502)琼能源、2001 年的问题股(000557)银广夏、(000682)东方电子等。

如（000502）琼能源（现改为绿景地产）（图 2-6），该股在连续暴跌后出现探底回升的时候，介入点选择方面比较重要，过早介入会严重套牢，过迟介入又由于股价上涨了，利润空间又减少，风险同时加大。读者可以细心体会一下图中的“介入点”。行情在绝望中诞生，在半信半疑中成长。这也许就是股市否极泰来的循环道理。

以下情况类同的股票若出现“涨停板”，建议不能轻易盲目追高，以避免深套。

（1）如某只股票刚刚破位大幅下挫，技术性超跌反弹时如出现“涨停板”，而且封涨停的时候连续打开过多次，不宜介入。

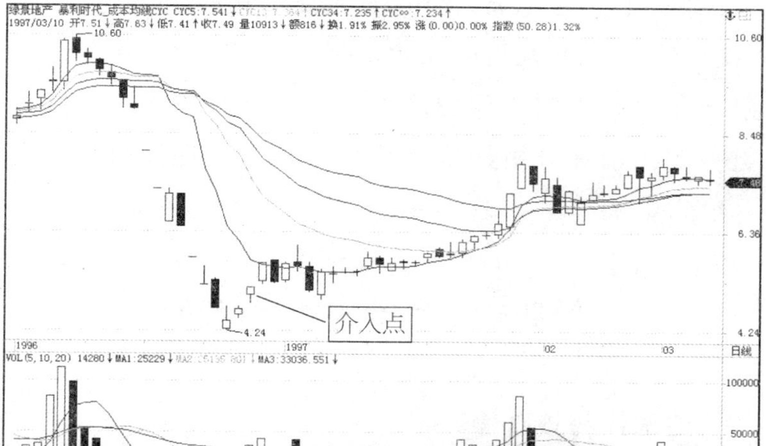

图 2-6

(2) 如某只股票一直没有公布利好消息，在朦朦胧胧当中股价一路走得很高，或者众多利好消息公告之前，股价已经被严重透支远离主力成本，此时出现突然公告利好，股价开盘就是“涨停板”。这种情况下就不能追进，而且风险最大，极有可能股价就此出现反转向下的行情。

(3) 如某股票一直处于下跌通道当中，突然“涨停板”成交量放大得太离谱，可能涨停出货，此种类型不宜介入。

追逐经常涨停的强势股，是“强者恒强”投资理念的升华。众人皆知，“涨停板”是何等的危险，恰恰如果选择介入的时机与价格运用得好，就是发财致富的绝技。这正是一句至理名言所揭示的真理：“最危险的地方就是最安全的”。对于经常涨停板的股票，作为做股票生意的商人来说更要多加研究，找出更多实例增加分析的成功系数。黑马总在我身边，好过足彩中头奖！

第四节　危险的冲浪运动

追涨停与抄跌停。

在股票市场，最兴奋的事莫过于追进涨停板后再赚一个涨停板。从早上跌停板买进，下午就涨停了，第二天一开盘又涨停了，而且连续几个涨停板，这是多么让人有成功感的投机感觉啊！事情往往都有先兆的，先是高层人员发表一些言论试探一下民众的反应，让你们有个心理准备，然后就是实施了！特别是2002年的这次降息。前几天的报纸刊登了某领导的发言："我们的银行利息还有降息的空间！"果然，没过两天，中央电视台就宣布了中国人民银行决定从明天开始降息。只要你从正规媒体的披露信息当中的一些字里行间感悟，你会发现你能捕捉其中的每一条信息，分析演绎着其中蕴含的道理和管理层的经济政策奥秘。

超前意识是发财致富的先决条件，如果没有超前的意识，你将很难成功，不管办实业还是炒股票。一切的成就，一切的财富都始于一个意念。做事情要有自己的目标：第一，你要知道你自己要追求的到底是什么；第二，你要有详尽的计划去执行任务；第三，你要控制时间，依时达到目标。做股票生意也要这样！你要在股票市场上做什么、赚到多少钱(具体数)，你投入多少资金还有怎样去做才可以成功，你要花多少时间完成你的目标。如果你连计划都没有，就不可能有策略，你的梦，就变得没有期限，很难实现。失去自己的方向感，就会茫茫然，不知所措！

我们要牢牢记住一点："股票买卖，生存第一，赚钱第二。"只有把股票卖出去了，钞票才是你的，在你没有出货之前，什么事都可能出现。好像中央电视二台的《经济半小时》节目当中就有这么一个故事，挺耐人寻味的。一位纯朴的农民商人，在生意场上拼搏了好多年，积累了一定的财富，当很多人在议论着股市的时候，决定进入股市闯一闯。第一次买股票的他，特别仔细分析了一些财务报表，分析来分析去，最后决定买进最好最有成长性的绩优股——银广夏（图2-7）。他把自己400多万的资金全部买进，当时买进的平均价格为35元，开始的时候股价果然跟自己想象的一样，全部买进后，股价上涨了，一个星期账面利润就有十几万。可是他没有卖出，因为选股的时候是想好中长线持有的，梦想着该股给他赚几个一百万。

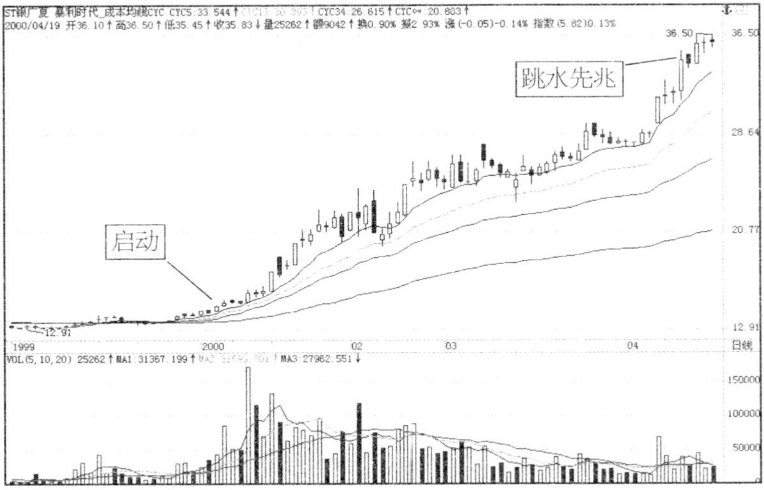

图 2-7

世事难料，人算不如天算。突然，银广夏因做假账被停牌，复牌交易后连续几十个跌停板，该大户在第一个打开跌停板以跌停价卖出，账户只剩60多万。第一次炒股就惨败收场，他在中央二台财经记者的摄像机面前流下了无奈的泪水。拼搏了多少年才赚到这几百万啊！不到几个月就变成一场空。

股市就是风险市场，但又有谁能想到风险是如此之巨大？投资股市，如履薄冰。看似风平浪静，稍有不慎，葬身股海，浪一卷起，不见踪影。杀人无痕，是股市风险的最佳体现。然而，赌博、博彩的心态一直在股民心中荡漾。其实每一位投资者应该知道天底下是没有不劳而获的事。不能蒙骗自己。力不到不为财，生命里的成功是要付出代价的，不管你是否承认这一点。

下面介绍一些例子，说明利用跌停板买进如何赚钱，涨停板买进如何翻倍。明知山有虎，偏向虎山行。冲浪就是最冒险的运动。掌握好就发财，掌握不好就破产。熟练地掌握技巧是踩浪的基础。

例：(000585)ST东北电(图2-8)、(000521)美菱电器(图2-9)等。

东北电(000585)是从2002年年底跌到1.86元，作为一家上市公司只要不想摘牌退市就必须重组。自从有了ST股票以来，就有一批机构在这几年里只炒

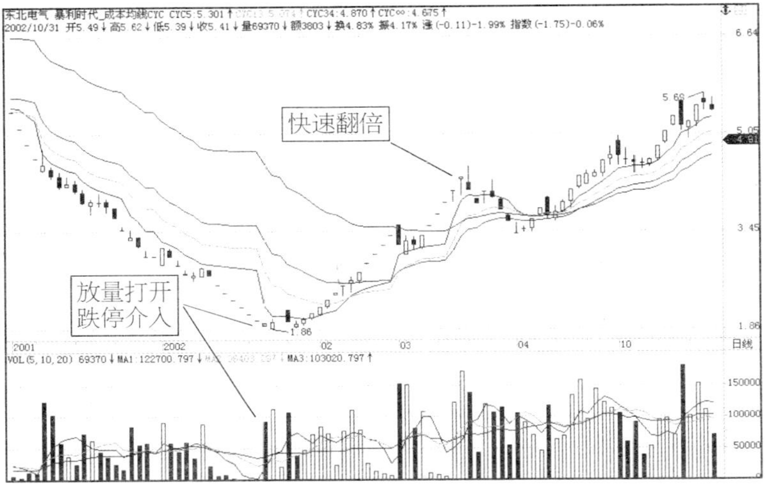
东北电气 暴利时代_成本均线CYC CYC5:5.301↑ CYC13:5.074↑ CYC34:4.870↑ CYC∞:4.675↑
2002/10/31 开5.49↓高5.62↓低5.39↓收5.41↓量69370↓额3803↓换4.83% 振4.17% 涨(-0.11)-1.99% 指数(-1.75)-0.06%
快速翻倍
放量打开
跌停介入
5.69
1.86
6.64
5.05
3.45
1.86
2001
2002
02
03
04
10
日线
VOL(5,10,20) 69370↓MA1:122700.797↓ MA3:103020.797↑
150000
100000
50000

图 2-8

S 美 菱 暴利时代_成本均线CYC CYC5:8.104↑ CYC34:8.327↑ CYC∞:8.384↓
2000/05/30 开8.46↑高8.50↑低8.12↑收8.27↓量40986↓额3387↓换2.70% 振4.54% 涨(-0.12)-1.43% 指数(-61.21)-1.30%
第三次突
破压力线
11.00
5.70
9.23
7.47
2000
02
03
04
05
日线
VOL(5,10,20) 40986↓MA1:32724.600↑ MA3 22056.150↑
400000
200000

图 2-9

ST板块，而且，容易控制，赚钱比起正常的A股还要赚得多，来得快。几千股就可以拉到涨停板，而且卖单比较少，出货也很容易。常常ST的股票成为市场的热点时，整批ST股都在涨幅榜第一排。在涨停板出货非常容易。

(000521)美菱电器，是很典型的短庄机构介入猛炒一把就溜的例子。

在星期五放量拉升，星期一至星期三一开盘就大单封死涨停板，使抛盘快速减少形成强劲的缩量涨停，为其后面出货树立了强势股的公众形象。等到第四天涨停板打开时放出巨量已经是行情的短期末段，等股民已经可以介入时，行情就进入了风险特大阶段。因此，主力机构都是恶庄，没有一个会留情的，做庄如果对股民仁慈就是对自己的钱包过不去，对机构来说就是残酷。“仁不带兵，义不掌财”这句古训，在股市而言是操盘手的最佳体现，什么时候都是对的。股市风浪急，但喜欢这项危险运动的人却越来越多！巨大利润，是吸引投资者进入股市的因素，却很少有人去想亏损。每一个股民都只是把自己那次赚钱的故事挂在嘴边，对多次的亏损套牢却只字不提。其实，给钱不多的投资者一句忠告：“千万别炒股。”其实，在股票要暴跌的时候，笔者在广州岗顶天河联合证券的多次大型股评报告会上都说：“千万别炒股。”很多投资者只是在笑。当 2001 年 8 月、9 月的继续暴跌时，股民好像没有笑了，每一个股民的脸色都是黑蒙蒙的，没有一点光彩，在残酷的股票市场，只有专注研究涨停板的黑马才会笑到最后。大家都知道，一直以来中国股市的历匹大黑马都是从笋一个涨停板开始涨的，然后就是一连串涨停翻倍。如果你在第一个或第二个涨停追进，你就成为最快暴富的投资者，因此，"涨停板"技巧不可不学。宁波高手成功的运作就是在大盘刚刚从下跌趋势站稳的那一刻开始发动涨停板攻势。时间周期的运算是成功获利的重要因素。

第五节　把握最赚钱的机会

所谓最赚钱的机会，每年都有，而且有非常明显的市场特征。在每年行情暴跌调整之后在底位，没有人有钱补仓的时候，出现全部股票反弹、有几百家股票涨停板的当天全仓买进，赚 15%是非常快的。一年只要把握几次就可以达到非常高的投资收益，如图 2-10。

由于每个人在股市里的故事都不同，经历也不同，造成了不同的股票操作思路。没有经历风风雨雨，又怎会知道成功之后的满足。人在股市之中，不得不低头。向政策低头，向资金低头，向主力低头，没有办

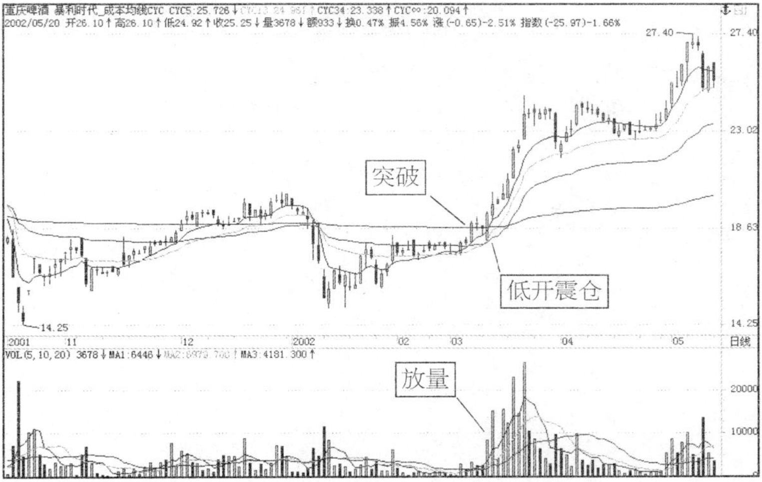

图 2-10

法战胜就只有适应它、借助它、利用它！直到你不需要再为金钱所发愁时，你已经成功！每一次大盘大幅下跌之后，都会产生很大的反弹机遇！中国股市一直演绎着暴涨暴跌的故事。如果股票已经接近底位，投资与投机都会非常容易成功。这就是最赚钱的机会！把握住它，你就赚钱了。现实就是如此。你的资金足够大时，你可能会感觉到像上海著名庄家喝酒时说的“股市简直就是我的印钞机”机会来了，你要好好把握，也许你很想把握好机遇，但是机遇总是稍纵即逝。让人后悔的事在股市当中是非常普遍的。因为有时你明明看好的黑马，可就是没有抓住，或者根本在犹豫中，该股就已经上涨一个台阶，你又觉得股价太高风险太大，结果该黑马就一路攀升没有回头，直奔向翻倍的历程。

第三章 世纪精华

本章主要讲述来自普通投资者的故事，把中国有股市以来的重要世纪经典个股展现在读者面前，其中有不少富翁的传奇故事，还有从大户变中户、中户变散户的经典教训。通过图形和故事给读者耳目一新的感觉，并燃点股友发财聚富的希望。本章将激发年轻人的潜能和智慧再开发，让所有从事证券行业的人为之震撼！

第一节 中国黑马诞生的理由

由于中国股票市场建立的时候，就开始了激烈的波动。“大涨”、“大跌”已经成为中国股市最鲜明的特点。把握每一次大涨足以让散户变成百万富翁，能回避每一次暴跌实在是幸运儿！大跌又把很多机构、大户变成散户甚至被消灭得无影无踪。行情横扫一切不顺它意的投资者，不管你是个人投资者还是机构投资者。然而，2002 年出现了来自不少专家学者、著名经济学家、政府官员、总经理等四面八方的言论，国有股的减持，把中国股市从牛气十足打得蛇味浓郁！中国股市的资本总市值减少了一半。普通股民几乎都认为是一次股灾！由名家“言论”作为导火线，传媒（包括报纸、报刊、电视、电台、网络几乎可以用上的都用上了）大肆炒作新闻，充当了名副其实的“吹鼓手”，从来没有小投资者的利益代言人。中小散户被任意宰割，手中的股票被这位“大爷”踢一脚，被那位“教授”又批评，剩下还在手中的股票价格早就成为半价废品。留之痛心，弃之可惜。

正因为有严重的分歧，看多和看空的人成为激烈行情的演绎者，黑马往往就这样诞生了。一批资金实力较强的主力机构，暂时联合做多，一匹匹黑马在传媒配合得天衣无缝之日顺利大逃亡，成功地把仓底货以高得严重背离股价的天价批发给看了报纸或看了电视股评节目而兴奋激动的大量投资者。保证该股两个月内不会再见到这样的高价了。

股市，确实是一个人生财富再分配的场所。有人能在其中获取了原来不敢想象的财富。一位散户，从拥有几万元摇身一变，成为震撼全国的“百万富翁”，他的“投机倒把”故事可以用传奇来形容。正因为他成功了，所以有更多人追随他的路程，梦想着自己也成为“百万富翁”。理由看似非常简单，这位散户只是初中文凭！相信你已猜到他的名字“杨百万”。我们已经习惯叫他杨百万，至于他的真名“杨怀定”大家也不是不知道。在“风云人物”当中，他是非常典型的人物，他的投机充满着神奇的色彩。

中国股市是很多奇迹产生的地方。还有一位1998年来到广州的从事投资咨询的人士，他的经历比“杨百万”更传奇，比杨百万赚得更多。短短两年，就成为身家过亿的超级大户。审时度势，把握人生的大机遇，是时势造英雄还是英雄造时势，很难分得清楚。

一开始，他推荐的股票每一只都出现大资金疯狂介入。一股资金雄厚的支持下，每周五推荐，下周连续三个涨停板没问题！最厉害时每只都有五个涨停板。一推荐就涨停的事实连续持续了几个月，他的名声一炮打响。伴随而来的资金，咨询费曾经一度高达30万元以上一只黑马股！比起最出名的国内明星酬劳还要高出好多倍。太厉害的资金效应了，很敏感的人看不惯别人赚钱那么快，眼红了，引来有关部门的调查。某君一度成为敏感人物。股票市场本身就是资金市场。资本的运作肯定会带来一些负面的影响，但是，事件很快便不了了之了。小盘股、低价股、纳米股、概念股没有一个题材不被股市的机构利用的。机构本身就是要消灭大中小散户而生存的，一将功成万骨枯。黑马由传奇投资者引导跑出，同时，少数传奇投资者也因黑马奔驰而大赚其财。出类拔萃的股市英雄故事，让投资的人汗颜。投资擂台锦标赛的买卖价位如同鬼斧神工，妙到绝顶也巧到无棱。背后机构资金的大力推动，在舞台上表演得非常精彩。绝大多数所谓的黑马实际是由大导演策划好才出闸的，如图 3-1。总之，股票市场如果想要活跃就得有大量的黑马，还得有炒股发财的事例，才可以调动人民群众参与的积极性。

自从有了股票市场，投资者就多了一个可以参与买卖交易的机会。黑马肯定最多。理由是：中国的人口最多，参与股票的人必然越来越多，资金越来越大，从中国股票当中要想赚钱必须做多推高股价，当大资金被调动起来，运作个股时，大行情就开始了，黑马

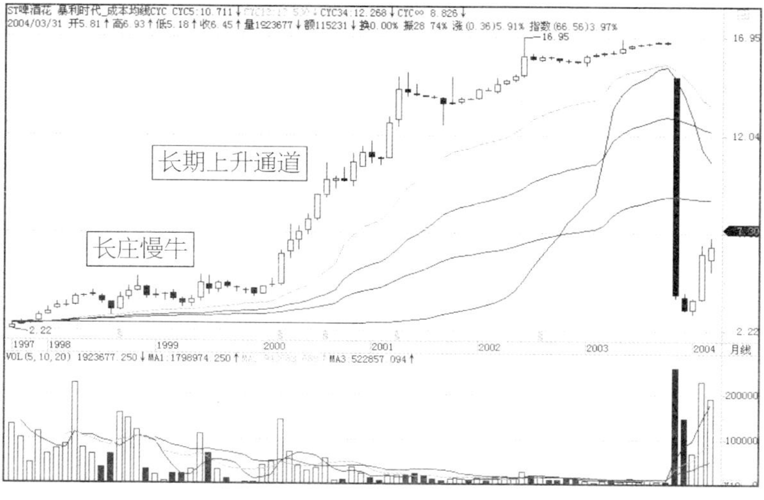

图 3-1

股就此诞生!不管你怎么想，怎么说，有些中国股市中的大腕每天推荐的黑马都能出现在深沪股市的涨幅榜!这些都是近年来最快冒起最成功的赚钱高手——股票皇帝。指点江山，一言千金!普通的股票经他们一点，就立即变成黑马。股价一股劲往上涨。能指点江山、翻云覆雨的股市皇帝自然成为众多投资者的偶像。大家都希望有朝一日通过股票交易赚到非常丰厚的利润，梦想能成为在股票市场呼风唤雨的大人物。当你冷静下来后，觉得其实在股票中赚钱不是那么容易的，特别是能够长期坚持在市场上拼搏，还没有被股市所淘汰的，就是精英。市场能够在每年暴涨暴跌中消灭掉很多机构、大户、中小散户。也许你身边多年前曾经是名声大噪的投资机构，几年下来被市场打倒了，近年已经没有听说过某某机构的某某著名股评家在传媒写股评了。这就是股票市场的威力。也有小部分机构操盘手赚了一笔这一生都花不完的金钱，现在已经金盆洗手，退出股市，做一个逍遥的人士，过着富裕而安逸的生活。没有人知道他的过去，也没有烦恼的事。但股市行情到来的时候，隐姓埋名的操盘手往往还是念念不忘股市波动的规律。

股市里的故事，让人感觉到非常神奇，连续翻倍的神话，让人们陶醉。黑马是改变投资者命运的介质。黑马就是让你真正了解主力机构运作的阶梯。读懂了黑马你就可以得到股票市场上取之不尽的财富，当你需要时，它就是你的提款机、印钞机。

中国股市是黑马诞生的摇篮。新兴的市场就会有新的奇迹新的神话，引导原来不愿意参与股票和投资上市公司的人加入其中。规模的扩张需要市场不断出现亮点吸引投资者的关注，有资金有实力的机构非常轻易就运作成功。一直以来，黑马不断出现，没有人否认黑马所具有的非凡魅力。赚钱是黑马的原动力，主力机构只有赚到实实在在的利润才会继续炮制黑马。其他机构看有利可图就纷纷加入制造黑马的行列，于是，中国股市的黑马就这样诞生了！理由很简单，唯利是图！交易所统计调查表明博取差价是大多数投资者的想法。

第二节　世纪经典股票精华篇

说到世纪经典当然少不了最先突破 100 元大关的(000008)亿安科技，最多跌停的(000557)银广夏，最多涨停板的(000503)海虹控股。很多 ST 股票跌到连 2 元都不到。让人意想不到的股市行情，发生的经典故事实在是太多了。下面举些经典的例子让大家开开眼界，也许你已经在众多传言中听说过，但还没有真正细细体会一下各自的精彩 K 线走势图。

宁波高手①

(000008) 亿安科技经典精华：

(000008)亿安科技(现改为宝利来)(图 3-2)，这就是周 K 线图。发现一只股票被主力完全控盘后的成交量的特点了吗?启动前的成交量，启动时的成交量，启动后的成交量，主升段的成交量，最后拉高的成交量，成功突破 100 元的成交量。这一切，都是我们研究主力意图的宝贵实例。真正从亿安科技上赚到大钱的人很少很少，大部分人像老鹰叼肉，叼一块就走了!在大盘经历两年的大牛市里，该股从 1998 年 9 月份最低 5.50 元涨到 2000 年 2 月份最高 126.31 元，大涨 2196%。除了成交量，还有 K 线图的各个阶段的特点也是非常典型的研究内容。有人研究《红楼梦》、有人

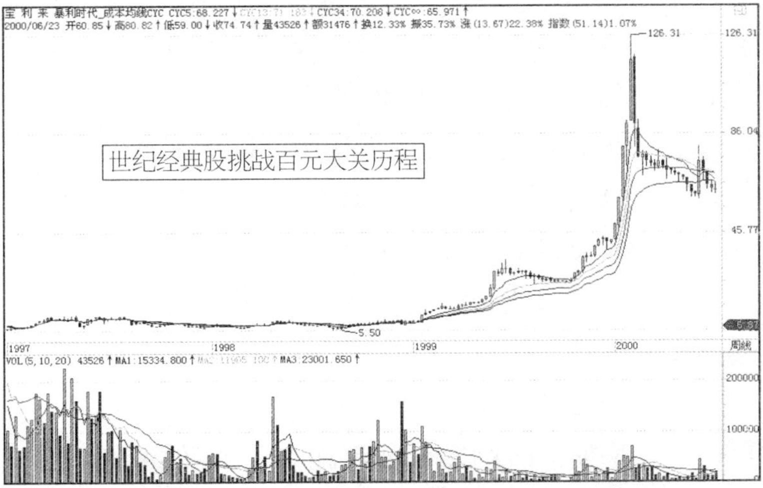

图 3-2

研究《孙子兵法》，都写了非常多的解说，参透人生，了解每一个人物的特征。炒股的人只要研究透一只股票主力的布局和每一个阶段，揭示主力的内涵，那么，你就可能成为股林高手。从点到面，从横向到纵向，研究股市也是如此，从时间、价格到基本面、技术面，看多了，每一只黑马好像都变成一样了，你看到了主力是这样做庄的。就好像武功到了最后主要看谁内力强一样。股市对资金相同的人来说，谁的心态好、智慧高，再加上少许运气，谁就能赢。股票成功地在高价阶段出货了就是高手。

(000503) 海虹控股经典精华：

连续涨停板的经典个股(000503)海虹控股(图3-3)，该股从2000年1月4日也是2000年元旦后的第一个交易日19.70元涨停板后就开始了向80元进军的涨停历程。最经典的是2000年1月18日出现一个巨量涨停板，所有跟风者都认为29.95股价太高了，主力是放量出货，连续涨停板早就把人的胆子给吓破了。中国的股民向来想天天涨，天天想做空，天天想卖出去，心里才踏实，连续跌了套牢反而睡得着觉，像没有事一般。

(000503)海虹控股就曾给股民一个深刻的教训。我有一位早期炒股的股友就是在12元买的海虹，在5元多时割的肉。在海虹控股80元时，我们一起吃饭。

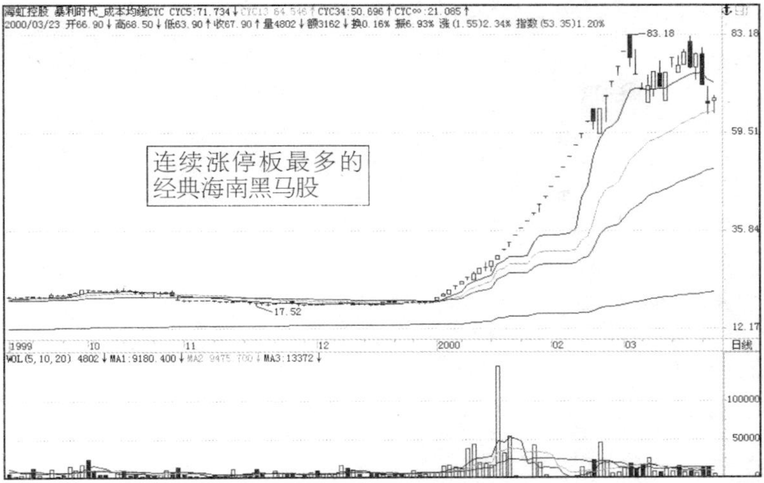

图 3–3

他慨叹股市弄人，他早已退出股坛做生意。他做生意的同时，还玩上了中国足球彩票。由于他是球迷，对足球一说就不能停，这才叫专业。谚语说得妙："不熟不做。"他玩足球彩票比在股市中的运气好多了，收获还不错！回头再看海虹控股 K 线图，该股股价一直沿着 5 日均线稳步上扬，等它停止上升的时候，也就是见顶之日。在高位大幅振荡做 M 头，一进麦当劳肯定要掏钱！黄金诱人的颜色。

(000508) 琼民源经典精华：

虽然(000508)琼民源(图 3-4)已经变成(000931)中关村，但是，这一幕惊心动魄的经典运作和长期停牌处理方案是中国股市不可缺少的经典之一。对于刚

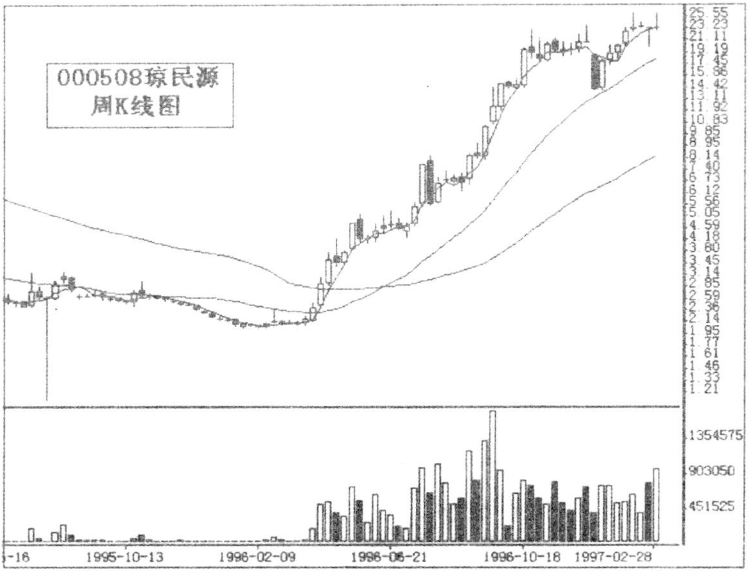

图 3–4

进股市的投资者来说，也应当看一看琼民源的 K 线图的放量过程。其最后一天的消息漫天飞，一天之内很多人从中得到内幕消息，马上买进了，一套就是两年，是否复牌交易还是个问题。资金方在该股票里，在停牌这段漫长的时间里，就算生病住院也没办法从中套现。内心的折磨很少人能了解。

看该股的 K 线图，自从 2 元、3 元附近开始放量有资金介入，到推高到 25 元以上，10 倍的利润，却进入了庄家的口袋。中途还有不少差价，更是不能明查！下面先看看十大股东的情况：北京住宅开发建设集团总公司、北京富群新技术开发公司、美亭管委会、深圳有色金属财务公司、中国残疾人福利基金会、中国科学院、海南华汇经济发展公司、国际战略研究基金会、南方建昊、海南港澳租赁公司。相信大家对以上十大股东当中会有不少的猜想。例如(000502)琼能源、(000503)海虹控股、(000504)ST 港澳等，这些个股都是在琼民源被大幅炒作之后，才出现的大黑马。我们如果事先有研究前面的个股的基本面资料，就很容易把握到自己发财致富的机会。下一个还没跑出的经典黑马正在等着你呢，仔细去研究吧!中国股市里的故事，由你来谱写神话。有时你发现了一些东西，由于实施的过程非常困难，那么，你就可以利用电脑和股票软件帮你搜索。如果你还是用那些旧眼光和老思想、老观念来炒股的话，那你很可能就成为套牢一族。时代在变化，行情在变化，在不断的变化过程当中，你不追，很快就会落伍了。

(000549) 湘火炬经典精华：

这是(000549)湘火炬的月 K 线图(图 3-5)，如果你曾经买过该股你会清楚，该股是非常典型的庄股。这是世纪经典个股当中的精华，凡是该机构主力运作的股票，都要重点关照。它们涨起来会很惊人!

一个星期过去了，也许该股才涨几分钱，但是几个月过去了，回首该股的上涨幅度你会惊讶，原来这

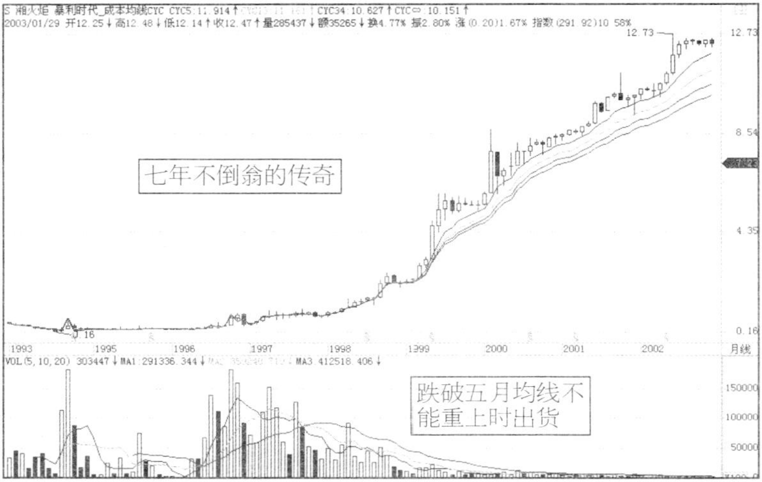

图 3-5

是一匹慢牛黑马！不管大盘风风雨雨，该股我走我路，没有丝毫犹豫过。坚定不移的信念，坚毅不挠的精神，可从主力的远大气魄和远见中看到。中国股市十年，该股走了五年的大牛市，这难道不是一个经典吗?有多少英雄豪杰曾经超前认识到几年后又是一波大行情。特别是这么有耐心和毅力的庄家，非常少见！

(000557) 银广夏经典精华：

经典的大涨个股还是很多，例如暴涨暴跌的典型(000557)银广夏(图 3-6)在它暴跌之前何尝不是一只大黑马?在启动时介入，在风险出现时果断出货，就避开最惨烈的跳水行情，成为段精。从该股周线可以看到，早早就有山雨欲来的态势，“涨不动就跌”这是

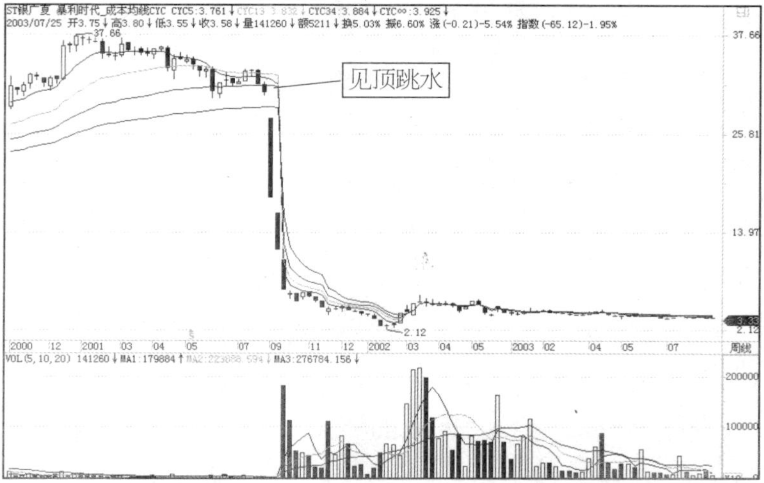

图 3–6

股票千古不变的铁律。“跌不下去就涨”是很多高手获利的座右铭。有超前意识，不一定动作马上就能超前，很多人是看着，感觉不妙了，还是死死做多头，不是他不知道要跌，只是持股太久，心想到而手慢了，没有敲敲键盘卖出而已，这样，一错失时机就不能出货沦为套牢者。这样的人很多。从以上经典的图形和主力的意图还有大盘行情的变化，构成了很多很多说不完的炒股故事。

笔者认识的一位股友老程，他 40 来岁，退伍转业工作几年后，开始自己做生意，本来凭着智慧和勤快，生意还混得不错，做生意赚了些钱。由于市场竞争对手多了很多，生意比较难做，于是他就在 2000 年 11

月结束了生意。经过两个月的分析和思考，他觉得股票市场赚钱的机会比较多，还经常听到几个生意上的朋友说起2000年炒股票如何赚钱的经历，讲得栩栩如生，兴高采烈，心想自己的生意做得不比他们差，炒股票也应该不会差过他们吧！于是，经朋友介绍在某证券部开了户，领了上海股东卡和深圳股东卡，正式进入股市了，把180多万元转进保证金，开始了自己的股海生涯。

刚开始，在年轻热情的咨询部经理小李的耐心指导下很快就知道一些股票买卖的程序和键盘的使用方法，同时还看了一些证券类的基础知识入门书。经过几次小量的买卖操作都比较成功，于是他就开始大胆操作了，前面一段时间还好，赚了20多万元，请咨询部经理小李和证券部的几个谈得来的职员上酒楼吃了一顿，晚上还包了房间唱卡拉OK。让每一个人都知道，如果他们帮他赚了大钱是不会亏待他们的，有什么好股尽管介绍给他。

好景不常，很快就到了2001年的7月份，刚进入股市两个月的老程开始操作不顺手了，连续重仓买进的个股都出现了跌停板，一下子把赚来的20万元亏了，还多亏了60多万元，折损出来资金空在保证金账户上，不想马上操作，等行情有转机再介入，好不容易到了9月份股市好像有了止跌迹象。在9月4日下午收市前，老程开始买股票了，谁知没过两个星期股票又开始大暴跌！老程刚买的股票又开始跌停板，连续几天跌停后终于打开了跌停板，反弹无力，老程只好再一次割肉止损，又亏了30多万元。老程深刻感受到股票市场的钱并不是想象中那么好赚的。老程的信心受到了严重的打击。老程停止操作，开始研究投资理论，还研究“曹大户”的操作方举，并进行模拟操作，觉得书本上的东西在实际上的应用有很大的误差。在很多次模拟操作中，他发现自己的技术还是学得不够好。在老婆极力反对他炒股的情况下，老程终于退出了股市，说不再炒股了。炒股才半年多就伤痕累累的老程永远退出了股市。就好像很多生意失败的商人一样不行就只好洗手不干，也不失为一种高明的做法。比起那些不断亏钱，还不服输的赌徒好多了。

建议输不起、没技术的投资者尽快退出股市，这个没有硝烟的残酷战场不适合你的！退出吧，干你力所能及的工作，赚你命中注定的钱财。人生就是这样的。不是你的，怎么争取都没有用；是你的，推也推不掉！在浮浮沉沉的股海中，很多经典的股票给了我们不少透视和灵感。让我们翱翔在股海巨浪的上空，俯视每一个卷起的浪花的精彩演绎，透视股市的真谛，体会和品味浓缩于股市中人生的际遇。

第三节　新世纪还适合用的图

自从开始写作的时候，笔者就有一个心愿，希望把自己最得意的技巧直截了当地告诉读者，但很多东西用语言好像都很难说清楚和表达出来。有时无声胜有声，图形更加直接易懂，加上简单的批注说明，你一看就懂，一试就灵，成为简单易懂、大家容易接受的理论。连续出现了几乎一样的例子，难道庄家还会不是同一个机构吗?就连拉升的幅度都相似。第一次发现时让我震惊，第二次出现时让我开心。第三次出现时让我放心，第四次出现时我已很平淡。从事写作的人都有一种很强的创作灵感才可以写出满意的作品。画家之所以成为画家，是因为他看出别人看不到的东西，在最平淡的画当中一点就增色不少，画龙点睛是他们的绝活。

操盘主力辛辛苦苦画图为的就是让你把口袋里的钱掏出来给他。因此，只要他总结出一种很好的画图方式，也就是操盘模式，就不会轻易改变了。K线总是画到你彻底绝望的时候才出现行情。横盘磨得你没有耐心持有的时候还不启动，阴跌更是折磨你的心灵，两天没留意却已在涨幅榜前列。掌握非常好用实用的图形，照图套庄都能够收益颇高。下面介绍几幅给大家欣赏欣赏。

(000048)中科创业(图 3-7)，该股出现资金断裂，消息不明朗，由于亿安科技出现连续下跌，该股自从康达尔时代开始不断走强，没有人敢问这只股票为什么会这么强。三年多的上升行情，积累了巨大的升幅和透支等无数题材。股价不可能永远多头走势!在一片查庄打假报表、假财务的严打规范声中，一名记者的报道揭开了神秘机构中科创业的面纱。详尽的报道在报纸上刊登出来，消息马上被各传媒争相报道，连“保护伞”也无法为其掩盖事态的真相，只好袖手旁观。试想，没有强有力的资金背景或者朦胧的社会背景又怎么可能让一只股票完全控制在少数人手里?而且

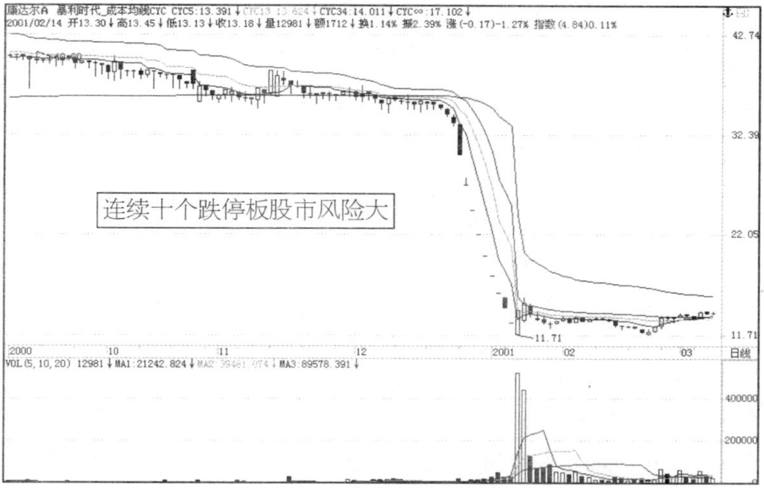

图 3-7

动用资金的巨大也是很引人注意的。

下面让我们看一下它基本面情况中的十大股东：深圳市龙岗投资管理有限公司、海南燕园投资管理有限公司、海南沃和生物技术有限公司、北京英特泰投资顾问有限公司、民乐燕园投资管理有限公司、北京克沃科技有限公司、盛通科技投资有限公司、北京新窗口创业投资顾问有限公司、深圳市丰嘉利实业有限公司。海南和北京的股东掌舵，加上大部分都是“投资公司”。资本的运作和做其他生意一样，需要有人唱主角，有人唱配角，主要看幕后的老板叫导演怎样安排。普通的投资者只有看戏的份，一不小心还会被剧情煽动做出傻事，被主力把口袋里的钱抢去，还不知真相，只能自认倒霉，不了了之。经常亏钱的股民早就盲目了，买进一些“地雷股”非要炸得自己伤痕累累，还不能出局，连续暴跌10多个跌停板都封得死死的，没办法。当我看到一有股票连续暴跌时，就建议一些股友“退出股市吧！老兄”。很多人当成开玩笑，在非常时期还问我有什么黑马。

看看(000536)ST闽东放量破位下行的图形(图3-8)。之所以把该股的图形画出来，是因为很多个股都是这样开始进入“跳水比赛”的。看清楚这张图，就可以回避很多不必要的损失。当股价在高位出现横盘不涨时，K线图出现窄幅波动，留有上下影线，像

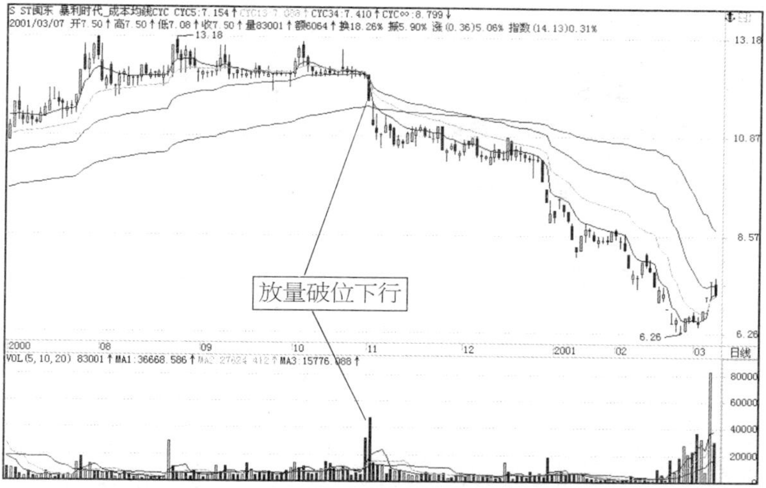

图 3-8

“毛毛虫”一排整整齐齐地堆在一起，连续向上突破平台则是好事，如果像该图，就是破位下行的标志，一旦出现跳水，任何人都保不住你的钱。当天收盘前就得快速割肉，赶紧避之则吉。再看移动平均线，5 天移动平均线快速下穿 10 天、20 天还有 30 天移动平均线，形成短线多个技术“死叉”。你看图形，每跌破一条重要的支撑线都会加速下跌。在股票市场，有时一个月亏损 50%是很正常的。但是，你想在股票市场一个月赚 50%却是一件非常艰辛和困难的事情。股市很多时候的运动规律都是缓慢地上涨，简称“爬”，大多数股票都是以“跳水式”出货。投资者特别是中小投资者连排队卖出都没机会，这就是有风险的股票市场。

在“特别处理”的股票里经常会出现这样跳水出货的现象：一般如果跌停板了还要跌停，涨停板了还要涨停。投资者只要顺势而为是比较容易把握这类个股的趋势的。机会就在涨跌停板中出现。

第四节　2003年的股海发财梦

2001年是蛇年，股市的行情就像“虎头蛇尾”，想发财的大多数人都说只是个梦！但是也有少数人在最后连续骑上黑马而扭亏为赢，赚了大钱。世事如梦，就这么把握住了，就赚了，只要你一天没有退出股市，你就有机会成为胜利者。当新的一年又将来临的时候，希望的火花，又在投资者心中点燃了！周而复此，循环不息！

每个人在股海走的路都不一样，发财是驱使我们仍然在股市挣扎的魔力。很多投资者，在2001年，是惨败的一年，再也不炒股了，永远退出股市。看行情的人太少了，没有热点，没有成交量，太低迷了。所以，你要做好准备，也许股市几年牛市几年熊市，谁能在世道不好中大赚其财，肯定能成为传奇人物，或者一炮而响，成为股市英雄。

股票买卖投资是改变人一生命运的最佳场所，很多大学生都是这样认为的。但是，成功的人士却少得可怜。在笔者一位朋友的工厂里有600多人，炒股票的人当中没有一个是在2001年赚钱的，都说只有赔钱的份!有人前些年赚了点，2001年都把利润亏进去还不止，连本金都只剩一半了，再跌下去就没了!

在众多投资者发财美梦醒来的时候，已经不能自拔，更别说全身而退了。笔者身边的很多亲友，都在股市陷进去了，本来有些人想在股市赚点钱，买套房子，现在，只剩下1/3，看来只有供楼的份了。有些家长下岗了，想在股市中赚点，供小孩上大学用，如今只好听天由命了。悲惨的事件，在凄惨的行情中演绎着。有位朋友的朋友挪用其父亲公司的流动资金去抄底，帮自己的股票解套，谁知抄底之后还有底，连续暴跌60%，结果，无脸见家人，跳楼了。又上演了一幕白发人送黑发人的人间悲剧！很多人说，战争是最摧毁人的!但是，股灾也是摧惨人心理的杀伤力特强的武器。几个月里，把几千万股民的心都伤透了。于是，有人开始谈论股市是不是应该跌到1300点以下才可以把泡沫挤干净。有人开始怀疑中国的股市，还能不能健康地发展下去。议论不断地在民间走俏。

不久，新华社的评论员关于中国股市的稳定、规范、持续发展的长篇社论也开始出台了。只有在完全离开股市一段时间，人才可以抽身出来，总结股市内在的运行模式，新的变化，影响股市波动的变数以及有什么新情况。中国股市还是政策市，没有真正利好消息和利好政策出台是不可能有良好的股市行情的。美国十年大牛市里，使全球流动资本快速投资到了美国，加快了股票的发行和规模的扩张。美国成为经济领头羊，股市的持续走牛功不可没。中国股市 2001 年大暴跌，使参与的股民买什么套什么，草木皆兵，对前景一片茫然。

记得年初，几位股友满怀壮志，雄心勃勃，要在 2001 年大展宏图。现在，亏损累累，昔日的意气风发早就被蛇年的蛇尾行情给洗礼得不见踪影！马年，按照中国人的习惯，马到成功，一马当先，看来行情是有戏，却始终不尽如人意。终于迎来了股市的春天，2003 年羊年，祝愿股海中浮浮沉沉的股民每个吉利的年份都能圆个发财的梦。

第五节　笔者的操盘心路历程精华

笔者在多年的看盘、操盘经历过程当中，在多家投资顾问公司和证券公司的工作经历磨炼出比较成熟的股民心态和实战策略。本节主要把笔者操盘心路历程的精华，毫无保留地讲解给每一位一直信赖我们的读者朋友，希望每一位读者都从中找到知音共鸣的感觉。

初学技术分析，感悟股海沉浮。

在自己不太懂股票是什么的日子里，在报纸和书刊中看到“技术分析”如何如何了得，以为自己学会以后就一定能发大财。于是，笔者开始迷信技术分析和技术指标分析，把KDJ、MACD看成是最有效的短线法宝。由于看了很多书本都说相同的KDJ、MACD理论是怎样怎样的，于是，笔者按照两个技术指标进行买卖。一开始赚了一次，果然有效，KDJ、MACD是好东西，很不错。但后来用几次，又不灵了。报纸上又说波浪理论如何如何判断大盘了得，在某某日出现第几浪上升然后又出现第几浪下跌，对过去的每一波、每一浪好像预测得蛮准的，分析得很有道理。于是笔者又改变了学习的方向，开始研究学习波浪理论的书籍。刚开始，笔者研究最基本的五浪理论，对每一波行情进行划分预测，到后来，研究复杂的延续浪理论，对每一浪进行细分。实战开始应用觉得蛮不错，用波浪理论对股票进行划分，但变化好像什么浪都不像，对大盘没感觉。但后来觉得大盘涨跌又没有指数期货，看对了大盘的行情，但是个股没有赚到钱，觉得还是白学了！

于是，笔者又开始改变方向，转战个股研究。只有对个股研究得深入准确了，才可以达到最终的赚钱目的。

赚钱，基本上是每一位进入股市的投资者的最终目的。如果你没有赚到钱，是很普遍的，因为行情的走势是由国家定的，特别是大体的走势。如果你把握不住大盘的趋势，个股也就没有及时在该清仓的时候离场。国家的政策直接指导着股市的方向。很多人忘记了看大盘的趋势，以至忘记了炒个股时应该注意顺势而为。于是，笔者又开始研究大批个股走势与大盘运行的必然关系。市场所有个股总和的平均股价走势图比起大盘指数的参考价值更高，当人气热点形成时，技术指标刚刚发出金叉就是机会来临了。

心态的历程往往先是自我肯定，然后经历挫折之后全部否定自己的能力，结果还是受挫折，于是重新认识自己、再次提醒自己研究本质的东西。

如果你没有扎实的理论基础和实战的探索，在股市上赚钱几乎是全凭运气，是很难成为保证金稳步增长的投资高手的。想凭自己的能力，赚到第一桶金(通常是指一百万元人民币)，也是不太可能的。

人总是在有压力的情况下才会激发创作的潜力。机遇和胆识是并存的。压力是创作的源动力。若你的生活有问题，拿仅有的下岗时结算的几万元钱进入股市，你是不可能没有巨大的压力的，你就会千方百计想赚钱。有时压力太大又会反过来干扰你的决策。所以，处理好压力是蛮重要的。心态则是炒股成败的关键。锻炼心态就是操盘心路历程的主要课题。在股票市场投机买卖当中要真正做到“胜不傲、败不馁”，凡事都以平常心对待。笔者最后总结出炒股票最重要的就是心态。平和的心态是独立镇定作出选择判断的质量保证。

好大喜功，曾经一度把笔者推到失败的结局。不够老练、冲动、急躁是每一个投资者失败的重要原因。失败了你停止前进，就等于你永远失败。失败了，你继续排除万难前进，到达成功的彼岸时，回首过去的路，这次的失败变成了成功的小插曲。成功的成就感更加提升。没有一天又一天的长期积累，就算机会来临，你也不会把握住。也许等你真正学会把握机会时，大机遇已经一去不复返!这就是人生。

回首人生所走过的路，是进一步提高炒股票技术的必然途径。如果你连自己都不了解自己，又怎么去了解别人，了解主力的意图呢?从现在开始，把你的每一次买卖记录起来，把过去的买卖时间价格对着电脑看一遍，也许你已经明白了自己为什么买进和为什么要卖出，成功在哪里，失败的教训是什么。很多意想不到的东西会呈现在你眼前，变成你的收获。总结过去，把握现在，面向未来。对人生，对股市都应如此!

古时候的人都有“日三省吾身”的习惯。笔者个人非常提倡“温故而知新”的论点。我认为股市的变化就像高科技产业，一日千里。没有最新、最先进的工具，是不可战胜庄家的。特别是黑庄、黑嘴盛行的传媒，很多干扰投资者决策的信息轻而易举地进入投资者的视线范围。有时尽管你是专业人士也很难区分。股市走势总是你有你说他有他说，形态波浪更是“横看成岭侧成峰，远近高低各不同”。

很多投资者连电脑、股票软件都不舍得买，在股票上亏它几万元没什么感觉，瞬间就亏了。笔者不认同这些股民的做法，赚钱的工具是必需的。杨百万在1989年就已经买了电脑，现在一个人在家里看四台电脑。难道杨百万嫌自己钱多吗？绝对不是。只有领先掌握信息的投资者，才可以先人一步。电脑是处理信息的有效工具。股票系统是分析股票和处理信息的有效软件。借助非常先进的高科技产品才是赢家之道。这是笔者从事股票买卖这么长时间的经验。有些钱是不可以不花或少花的。如果你要在证券市场长期奋战，你就要准备好电脑和股票软件。股市“小米加步枪”的搏杀一窝蜂时代，已经过去。现在是先进的高科技信息时代、知识智慧年代。除了先进的“武装”，还要有超前的意识，敏锐的市场触觉，良好的心态，一流的理念。每当有重大利好消息出台的时候，更是对操盘水平和心态理念的锤炼。

股市需要野心家。要能拥有足以让人羡慕的财富，你需要雄心，如果不是空想，就需要破釜沉舟的决心和勇气，也需要坚忍不拔的意志和信念。笔者衷心希望看这本书的读者永远充满斗志，都立志成为炒股高手。如果你成功了，日后回想起来还是甜的。亏损大户已经成为过去的故事。能从股市的废墟中崛起的股票高手才是你的尊称。博览群书，多看多思，就会令你的股票投资少走很多弯路。

中　篇

再起风云黑马篇

第四章 渴望黑马

自从有了股票市场，中国股民就开始沸腾了，参与股票买卖的投资者越来越多，不管前面多少人已经遭受挫折，他们内心深处想发财的冲动仍不断推着他们加入股票买卖的行列。前仆后继，股民发展的速度之迅猛，简直就势不可当。就好像“彩票”一样，大部分投资者只能成为奉献金钱的一分子！但是，股民这个群体是因为不断地听到极少数“发达人士”被传媒或庄家制造的神话所感染，一直不愿意离开股市，由于曾经也有过几次辉煌的赚钱买卖经历，内心依然念念不忘，想再一次骑上黑马奔向富有的社会群体。渴望黑马是每一个炒股者的内心愿望。本章详细介绍黑马的特征，还有看盘就要看出庄家千方百计掩饰的真实意图，教你如何抓黑马，如何翻倍，大胆超越未来！黑马、钱、成功——一定要抓到它们。对成功执着地追求是渴望黑马的前提条件。行动吧！学习技巧，仔细看盘或分析图的历史走势，研究股价运行的必然规律，你一定可以，只要相信自己，成功就属于你。

第一节　世纪大黑马的特征

每一次个股非常活跃的时期是世纪大黑马诞生的最佳时机。在中国股市开始以来到现在都是暴涨暴跌的股市，政策的变化永远是主导我国股市波动的主因，庄家起哄是暴涨暴跌的根源。世纪大黑马的产生是与股市涨跌的节奏有关的。一般都是在行情还没到来之前，运作大黑马的机构就已经判断到未来不远的走势有机会。他们在别人还没有发现什么迹象的时候大量建仓，他们已经在底部兜了好多好多的仓底货。在领先于行情启动之前就已经开始向上拉升了。等大家认同行情开始时，伴随着巨大的成交量出现，机构庄家引导调动股民的积极性，投资者看到热点此起彼伏，自然想参与分一杯羹，市场人气就空前高涨。机构投资者大幅拉抬股价，同时也大量出货，股价翻了几倍却再也没有增加仓位，主力的成本还是很低。心态和形态是主力利用投资者的主要途径。在投资者还没有意识到股价还要涨多高的时候，主力就出其不意，制造假象，让大多数大户和中小散户看到形态很好跟进或继续持股，梦想着从几元涨到二十多元的股票还要达到50元以上。机构悄然离去，股价暴跌，股民们还在“股价已经跌了很多该补点仓摊平了”，然而，倒霉的人总是越补越跌，越跌越补。后来没钱了……市场总是演绎着一马成功万骨灰，破产受伤的总是弱者！这就是大黑马出货给股市带来的不幸！一批批股市中小投资者被“吃”掉，伴随着一个个大庄的暴富，钱财还是越来越集中到少数人的手里。庄家跌去了一半还是可以用股票质押贷款或者融资，茁底部重新介入推高股价，或者用融资来的钱去做别的股票，反正股票已经进入了底部区域。往往一般投资者就算知道不可能再跌很多了，还是不敢补仓，或者根本就没有钱了，满仓深套！

虽然如此，我们仍孜孜不倦地追寻着世纪大黑马的上升波段，逮住了就能让自己一辈子过上安逸的生活。我们希望读者和股友能成为生活安逸无忧的快乐人，更想让大家看懂世纪大黑马的踪迹达到赚大钱的目的，并通过自己的研究享受到成功的喜悦感。当你付出很多很多的时候，你的目的不单单为了经济利益，有时也想为社会服务的同时又能赚大钱！

下面介绍一下实际运作当中世纪大黑马的几个特点。

启动前的特点(参见图 4–1)：

(1) 低价小盘没有人要的 10 元以下的个股，是主力选股的要诀。价格是主要的竞争形式，股价越便宜越好。

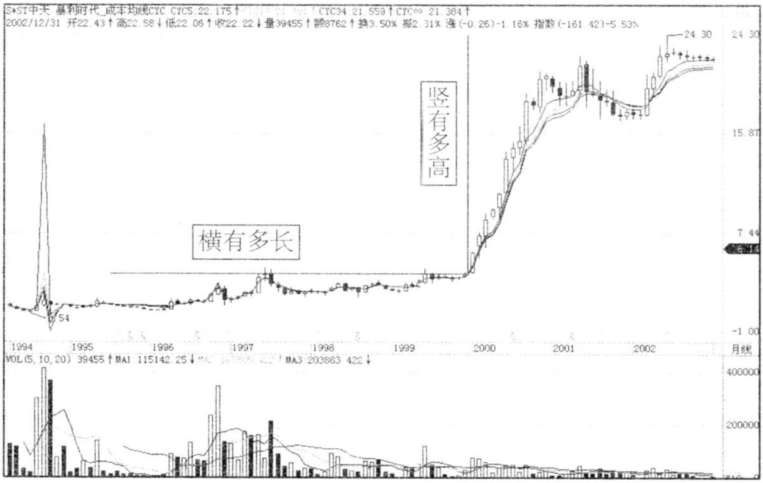

图 4-1

(2) 行业独特，名字怪异的新股。没有人了解该公司的产品是什么，想象的空间就大。

(3) 横盘几年波动不大，上升趋势当中，运作规模长远的个股，适逢大行情启动。

启动时的特点：

(1) 大幅涨停又跌停，股价波动巨大，换手充分，应引起关注。

(2) 不断小幅上升，在激活人气之后再缩量调整，再次启动时成交量就明显放大。

主升段的特点：

(1) K 线图特别大特别长，阳线长度惊人，让你不敢跟进，或在你意想不到时拔地而起，非常壮观。

(2)均线、多种技术指标都修复向上，特别气势逼人，你不买还要大涨，连续性走势比较强。

(3)经常出现大阳，成交量适中，经常当日震仓完毕，连续推高的买单比较大。

做头部出货的特点：

(1)头部基本技术图形形成，振荡横盘居多，盘中经常活跃在几分钟涨幅榜当中。

(2)经常在尾市偷袭拉高或对敲，偏离启动价很高，在高位窄幅波动。明显放量但无力上涨。

(3)均线系统在高位会合并发出“死叉”。横盘抗跌但向下斜着盘跌。

(4)高位连续放巨量不涨，或者巨量收阴。盘整时间比较长后向下破位。

(5)相同板块有个股出现跳水跌停板，引发大量抛压。

大家可以仔细分析本书中摘录的图形，认真参看细细琢磨，相信你看图的技术会有所提高。特别对一些上涨翻倍很多的股票，要对着电脑系统，看日K线图、周K线图、月K线图，从中观察主力机构是怎样一步步把股价推高到翻倍。当你再次看到主力有推高的迹象时，你第一时间就应引起高度重视，可能又一只大黑马要产生了，你发财的机会就在眼前。

第二节 怎样逮住大黑马

经过多年的实战和研究发现：大黑马必须有实力雄厚的大主力大机构控盘，而且不是一般的主力。控盘度越高，上涨幅度越大，而且在大盘好时表现特别厉害！大盘的变化对股票启动的时间有一定的影响，平时不会出现在振幅榜，启动前不会引起你的注意。但是，一旦启动就不会轻易停止，而且越涨越高，看似明明要跌了却又跌不下去，小小的成交量就能推动股价上扬，抛盘不大。流通盘比较小的，一般在 7000 万股以下，3000 多万至 4500 万间最容易产生超级大黑马。知道大机构的运作方式和变化策略是战胜主力逮住黑马的前提。

下面介绍一下逮住大黑马的具体方法。

首先，黑马都喜欢走自己的 K 线图。出人意料的是主力画图最主要的手法，在关键的点位的关口都会有明显的主力迹象。如果所有的人都认为某价位不可能突破时，它却轻松突破，没有人敢相信这么小的买单就轻而易举突破了，认为这个突破是假象，很快就会回落。就在你还在犹豫中，股价又连续攀升了，成交量不够，你不敢碰！股评家说：“股价太高，追高有风险。”其后再也看不到该买入价位，股价节节上升，再也不敢买了。机会就是这样一次又一次地从我们眼皮底下溜走的。越是没人买的，创新高的个股越有机会!问十个投资者十个都不敢碰的 ST 股票最容易被赌性很大的主力炒作，这样的机会在市场上出现了很多。主要原则是没有人看好有波动适合炒作的股票就是赚钱跟逮黑马要留意的股票。

其次，黑马必须技术指标多头排列，伴随股价的上升常用指标经常钝化，主升段行情总是在最后一次洗盘震仓之后爆发的。因此越是正常的股票越不要碰，越是震仓非常激烈的股票越是要重点关注。

我们总结出最具有实战意义的逮住黑马的方法是非常简单的。只要你一直留意小部分股票的波动，从新股上市开盘到几年后还在看它的每日走势图形，自然该股要经过分析，你自己认为值得主力进入操作的股票，一般要求是 12 元以下的低价格的股票。在没有被主力炒作 50% 以上涨幅之前不要放弃每天看分时图还有 K 线图。你必须专心一致地看着几只个股，长时间跟踪看盘!赚大钱的炒作一定要一个一个来，不能花心，长期看盘分析，跟踪做波段，是最容易翻倍的做法。但是，大多数投资者都喜欢朝秦暮楚，买卖的心花得不得了！满以为自己能快速翻倍，结果一年下来伤痕累累！亏损割肉遍地都是，深沪上市流通的所有股票几乎都被自己曾经炒过一把。

方法不需要多，只要一种赚钱的，你能持之以恒地坚持持续操作，暴富的机会就在你眼前。笔者有一位朋友，他炒股的经验特别丰富，而且有自制的纪律，非常严格地执行了 3 年。现特摘录奉献出来给有慧眼的朋友借鉴和研究。他和我共同合作策划炒股项目已经两年多了，他就是——国荣。

国荣炒股纪律原则（参见图 4-2）：

(1) 不跟别人争论股市的热点和涨跌，只相信自己的胜算几率。

(2) 每年在有行情时操作，成交量达到有效放大时才入市。

(3) 既不追高也不抄底。

(4) 只在多头市场操作，大盘指数在生命线（24 天移动平均线）上方运行时才参与。

(5) 成交量均量线必须多头（5 天均量线在 15 天均量线之上运行）。

(6) 个股必须是技术指标多排列（5 日 DIF 在 MACD 上方；KDJ 必须金叉；日 K 线必须在生命线 24 天移动平均线之上）。

(7) 一波行情只做一两只个股的主升波段。做完一波坚决空仓，长期都是持有现金。买进后，行情上升中途不操作不做差价，直到行情结束才卖出手中个股。每次行情赢利目标制定为 15%～25%，亏损 7%就止损，空仓观望至少3天。

(8)坚决执行以上炒股原则。

每个人都有自己的炒股纪律，制定的目的就是遵守，特别是你的方法能有效帮助你自己炒股票赚到钱。一般投资者都有自己的原则，但是能坚持下来的人不多。人总是喜欢高估自己的水平，特别是股民！他们总是幻想自己比索罗斯、巴菲特还要高手，每个月都能赚50%甚至翻倍。因此，偶然的翻倍很快就被后面的错误把赚来的钱亏光了。正确分析和看待自己的水平是赚钱的前提条件。每一位投资者只要不贪心，正确估算自己的分析水平和能力，赚钱是有机会的。亏钱的主要动机就是想赚更多。但是，如果不贪心就不会

图4-2

进入股票市场了。在股票市场，有自己的操作策略才是重要的，不管涨跌你都能应付自如。策略的制定要根据自己的实际情况，不是说一个方法所有投资者都适合用的。

总之，想逮住大黑马就要看准时机，有行情时操作，成功率会高一点。我们再看看另一种短线快速逮住黑马的方法。在行情上升趋势形成的时候，按深市涨幅榜涨幅前列的股票百分比是多少，有多少只在7%以上的，然后看沪市涨幅榜前列的股票有多少只，再确定哪一个市场比较强。如果深市涨停的股票多过沪市，就在深市选择短线个股。然后看看热点个股板块是否明显，如果涨幅第一的是深圳本地股，那就在深圳本地股中选择流通盘和行业还有股价都与涨幅第一的个股类似的个股买进，涨幅前 24 只股票内排名越前的越强。快速涨停的个股很有可能是已经涨了 4%～5%的联动股票，应用这种板块价格联动快速选股并买进，这是短线逮住黑马赚快钱的最有效方法。

第三节　渴望黑马赢利法则

我们炒股票的人一定要对股票有感觉，你熟悉的股票要经常有在涨幅榜前列第一页的个股，这是渴望黑马的投资者必须密切留意的看盘常规。当你渴望得到某一种东西时，你会激发出自己的潜力，为得到这种东西而不惜一切代价发奋图强去奋斗到底。当然，有心的人就很快得到他想要的东西。这就是意念力。先有了动机才会千方百计想办法去行动以达到目的。做股票也是一样。每一个人都要有自己的想法和思考，而且是不断加进了新的元素，利用变化的手法进行运作的。我们要充满着激情和顽强的斗志，坚持做好功课，运用科学的方法提高自己判断的准确性，选出黑马，最终总结出行之有效的赢利法，达到赚钱的目标。

也许有些人进入股市不是以赚钱为目的。有些退休的老同志为了不让自己的脑筋太快老化，进入股市是为了思维能力不退化，有钱赚自然好，没钱赚也无所谓。有些有钱的人以打乱主力机构的思路、破坏主力的运作寻找快感，这些人经常动不动就把主力机构为了吸筹的巨大压单一下子就吃掉了，然后过几天又挂出来吓人，或者在机构关键点位把护盘的买单一下子砸穿。本书不是为不以赚钱为目的的人而写的。真正赚钱的人为你传授赚钱的方法才是有价值的。记得有一位著名股评家，经常在电视节目上做股评，还在多种股评报告会上讲股评。但是，他经常要高额会员费才推荐个股。我的一位亲戚在大型报告会上听了他推荐的所谓大黑马(600003)东北高速，结果一套就是大半年。还有一次，几十个会员下跌途中高位买进

(000682)东方电子，结果不到一个月股价就打了五折！因此，笔者建议广大投资者不要以别人的名气来拿自己的钱来作赌注。其实，判断一个股评的准确度和分析水平很简单，推荐的个股涨了，有买进的机会和卖出的时机，这才是高手。如果你连续两年跟一位著名的股评家都没有赚到钱，那你就不要再相信他说的什么为社会服务的鬼话了。如果你还是执迷不悟地跟着他炒股的话，你就是傻子！同样道理，如果你用了某炒股软件一年到两年都没有赚到钱，那你就不用再交台费续期了，是时候改变一下，不妨换另一套股票软件试试。股评家、书本、软件都只是工具，不要把自己的思想埋没了。股价是变动的，行情不是一成不变的。人只有把握住自己的思路，作出果断的判断和操作，才有可能成为股市赢家！

股市赢利法则 (参见图 4-3)：

(1)把握大盘趋势，行情确定才参与。

(2)渴望黑马，精确分析赢利只能靠自己。在股票世界里没有一个人是可靠的，只有你自己才最值得信赖！

(3)做行情的波段，积少成多，不急不躁。无须一天就暴富。

(4)把握最佳买点和空仓出货时机。参考热点板块是否退潮。

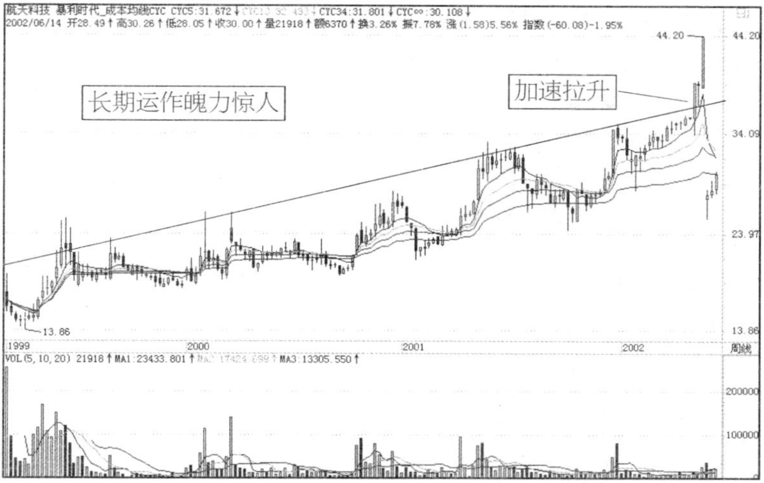

图 4–3

(5) 分析股民大众的心理变化，坚持少数人赚钱是事实。

(6) 股票全面疯狂上涨，黑马涌动，人人冲动，离行情结束为时不长了！

(7) 利用比价联动电脑等高科技手段统计，分析市场平均成本、筹码分布还有具体亏损百分比。

(8) 把握资金动能和时间周期的变化，在成交量不配合时不要参与投资。没有九成把握就不要操作。

渴望黑马与跟庄是不同的操盘方法，强调超前意识，一步领先，步步领先；制定好计划，开始记录每一次交易的成功与失败，把握未来的走势。提升自我能力，保持旺盛斗志。黑马，其实就是你长期留意的能让你赚钱的股票。并不是每一个人都有能力和运气抓到最牛的领头羊个股的，只要在行情来到的时候你能赚到你一直留意的个股的上升波段，你就是黑马高手。国外投资基金高手的年回报率也就是35%左右。在中国的股市，你抓住两波行情，每一波赚15%，你就是国际基金操盘高手了。认识自己，把握自己。渴望黑马，抓住法则，肯定赢利！

第四节　黑马翻倍的历程

有位投资者讲述了他的赚钱故事：在他的一位朋友介绍下，一位大户给了他500万元操作，并委托他全权操作该大户账户资金进行自由买卖。在行情不好的时候他全仓买进了某一只个股，一开始没有赚钱，反而跌了4元，一年过去了，没有回报，大户也不理。两年过去了，还是没有涨，大户没有吭声。第三年行情火爆，主力一举大幅拉抬，该账户上的保证金陡增500多万元，总共1000多万元了。该“假操盘手”说行情已经结束，把持有了三年的股票脱手卖出去了。该大户按照约定付给他50万元即10%作为报酬。故事就随着该大户停止给该“假操盘手”操盘结束了！但是，这位“假操盘手”足足赚了50万元。持有三年，饱受套牢煎熬，终于最终成为最后胜利的投资者。由于中国股市是比较不成熟的市场，机会和希望还是有的。黑马的翻倍足可以改变人的一生。就好像一位打工仔中了彩票头奖500万元，他马上炒了老板的鱿鱼，回家乡盖房子，自己开始做一个小店的老板。“我这一生都不可能赚到这么多钱!有了这原始资金可以开展自己的事业。”他在领奖后对记者说。股市黑马就有这样的魅力!

黑马是怎样一步步达到翻倍的呢?主要经过四个阶段：第一，吸筹；第二，震仓；第三，拉高；第四，出货。其中股价达到目标位出货时，股价已经翻倍了。不会大涨的股票就不是黑马股。黑马股跟弱市股最大的区别就是市场的表现，还有结果。

我们在清晰了解黑马翻倍的四个阶段，也就了解了主力机构的运作模式。一般情况下，主力运作一只股票的过程中一般股价控制在不超过7%的涨跌幅，如果超过了就是不正常了，要么股价是突破加速拉升了，以涨停板居多，要么股价跌破平台要加速下跌，以跌停板居多。每一只股票都可以套用以上的四个阶段，目前如果你分析的股票是处于出货阶段就坚决不能参与。不管怎样，黑马多的是，只有看准才参与，谨慎才可以长久!很多曾经非常出名的投资人士因为一次失败就把前面九次赚来的钱都亏完了!实在是股市风险巨大!不能抓住黑马，就可能一步错，步步错!也许很多投资都试过由于错过了一次出货的机会，眼巴巴地看着自己看好的个股没有资金买进就大幅拉升了，在涨幅榜看到自己想买的股票涨得太高不敢买，股价再创新高！

其实，你经历的投资失败和成功只是平常事，全世界很多投资者都是在经历着。盈亏就在买卖决定的那一瞬间。

一般来说，长期控盘的股票就有这么一个特点，在行情特别火暴的时候由于长期上涨强于大盘，所以，真正短期火暴时，这些股票反而缺少激情，它们喜欢走自己的独立行情，不为短期大盘的走势而改变自己的思路。因此，此类股票不是短期迅速翻倍的品种。

具有短期走出“井喷”行情、连续涨停板、快速翻倍的股票，才是最佳投机品种。

例如：(600026)中海发展的走势图(图 4-4)就是一种短线快速翻倍，连续涨停，还有上冲的动力的典型。如何看到个股的机会呢?很多时候，很多新股刚上市交易都是成交量比较大、成交活跃的股票，适合大资金进出，特别是在行情好的时候，随便主力做多高，没有套牢盘，涨停也非常轻松。投资者要重点观察此类股票的赚钱机会。一年逮住一两次就翻几倍了，还怕什么套牢?

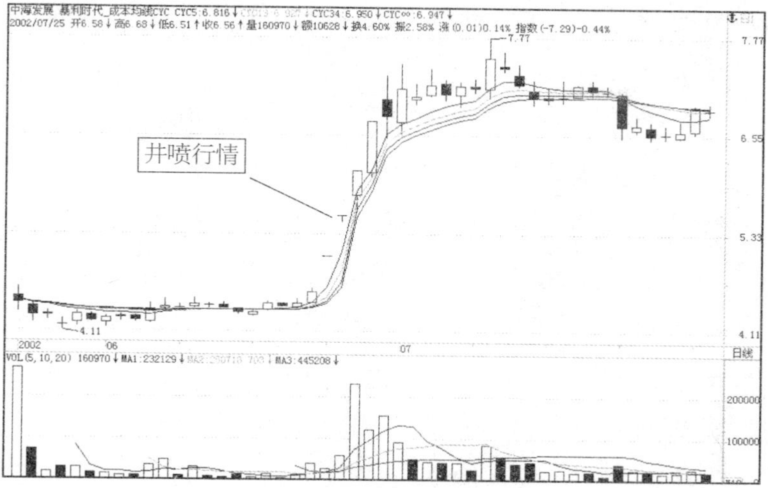

图 4-4

第五节　超越未来时空隧道

股票另一个运行的方式就是随着时间变化，什么时候会出现什么样的走势。行情运行轨道是既定的，是时间决定行情的走势。当某些不为人知的条件具备时，行情就启动了。超越 K 线图是股票高手的最高洞悉力。投资家巴菲特的办公室里没有一台电脑。看股票可以在股票发行之前的资料里开始研究。只有等你看懂了之后再谈技术分析，利用基本情况来分析研究公司的成长性、未来的发展空间等是超前判断股票走势的理想方法。跨越时空隧道预知未来波动是炒股的高级研究方略。

一般的研究分析方法是对于已经知道的事实，通过逻辑分析未来的演变过程后的结果。知道的条件越清楚，预测的准确性越有保障。要能超越未来时空隧道感悟股价未来走势必须非常精通技术分析看盘，要有强烈的盘口感觉。如果你没有感觉，就是对股票的运行不了解。通过既定的形态和成交量对股价的直接影响是判断主力意图的最佳方式。

我们现在开始对一些既定的成交量的组合进行研究分类，可以发现，K 线的成交量是有一定的关联的。(参见图 4-5) 一般来说，如果某只个股想有动作，那

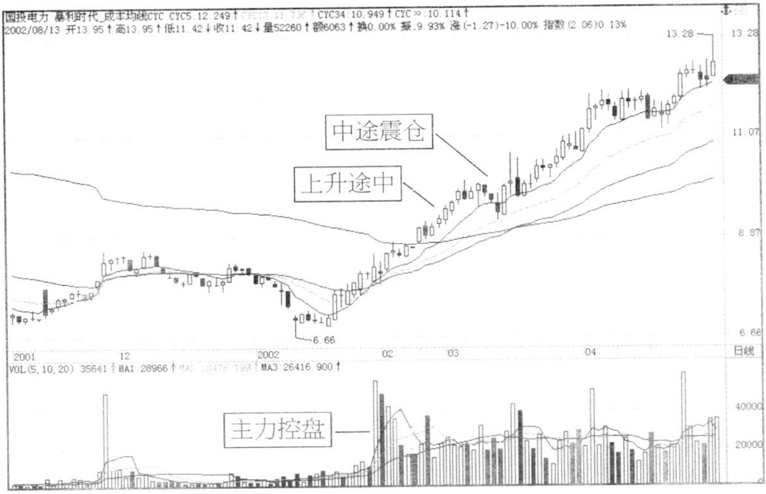

图 4-5

么一大早就会出现异常的成交量或者异常的开盘股价和成交量。只有成交量比较大的股票最容易推高。如果没有主力关照的股票成交量不会太大。股价的推动是要有适当的换手的，换手越充分，股价就能推得更高，获利也就比较丰厚！

研究一下涨幅榜的个股，是不是涨上来时都伴随着巨大的成交量和适度的换手率？答案是非常明显的。一般没有主力操控的股票，是非常难以达到3%以上的日涨幅的，换手率达到3%以上，也是不可能的。

超前选股的方法：一般在牛市选股是换手率在3%以上的个股，涨幅只有在1%～3%之间的个股非常容易成为大涨的黑马股。如果在熊市，选股的思路就是宁可错过不可买错。换手率在1%左右，成交量明显放大，涨幅不大。

在大盘不稳定的情况下，最好不要满仓买卖股票，这样比较保险。如果判断错误要及时止损，不要让亏损失去控制。如果判断正确，那你也要看好自己的赢利目标。只有不断积小胜为大胜，才可以累积财富。

第五章　锦上添花

在股票市场上就是要做锦上添花的投资者。帮助富有的人更富有就是锦上添花的炒股技术。一般散户投资者自有资金都比较少，很难达到自己遥控的目的。股价的波动必须被资金和信念引导才可以达到强烈。笔者就是要说明锦上添花是最好的发财致富的方法，比起你自己翻倍要快上很多倍。几个朋友都是生意高手，赚了几千万了，经常出入高级会所，高尔夫球场成为富人聚散地。联手给一个人操盘就已经把股价推到翻倍了，还在高尔夫球场上宣扬他们的赚钱本领。由于操刀人要求他们都宣扬某个股，很多有钱人听到该个股还要大涨，都纷纷买进。股价再向上窜。终于人气鼎盛，就连操刀人把货出干净了股价还在惯性涨。操刀人把资产快速扩张，领导股市热点频出，自己也就快速暴富了。笔者所说锦上添花的真实意义是帮助已经非常富有的有钱人更加富有，或者与有钱的投资者做合伙人，而且最好他们是很会赚钱的人，“富上加富”就锦上添花。

第一节 最佳操盘手的原则

所谓操盘手是指做庄的策划者挑选的具有丰富实战经验的证券业高手，这些人对股票买卖的全过程都有深刻的认识。每一个操盘手都是从实战中锻炼出来的。

他们都有自己的原则，就是看盘时具有独立空间操作。很多投资者认为自己学会了看盘，但是，试想，庄家的真实意图又怎么会这么容易让普通投资者知道呢?操盘手都知道：制造盘面语言的意义就在于掩饰自己真实的意图，让普通投资者看到的美味其实大多是陷阱!

每一个出色的操盘手都是非常勤奋好学的，他们捕捉着影响股价波动的每一个信息，分析演绎着其中所蕴含的道理。他们所付出的艰辛努力是他们最终获得金钱和荣誉的基础。在一般股民还在为吃什么早餐而发愁时，他们早就回到机构会议室研究各方面得到的消息和公司最新资料。大方向早早就策划好了，只是小计划还要根据每天的行情进一步修正对策。真正参与股票运作而又取得成功的操盘手是非常多的。他们很详细地对上市公司进行调研，同时策划者还跟要炒作的上市公司老总谈好条件，因此很少会出现失败!

只有在判断大盘失误和资金不到位时才会失败，一般操作资金非常雄厚是不可能失败的。最成功的操盘手应该是最会保密的。如果老是泄露操盘机密，策划者——做庄大老板就会认为你没有职业道德，把你从这个圈子里踢出局，以后就很难做操盘手了！信誉是操盘手的生命！

如果没有了信誉，操盘手就是失败了，资金自然没有了，再也没有人会相信了。操盘手的财富就是要在投资上保持高水平赢利的信誉。如果能像索罗斯一样具有很高的投资赢利水平或者像巴菲特一样具有稳定的投资收益业绩，也许资金就是吸引人气和注目的焦点。在股票市场没有钱就等于没有机会。股市是要有资金的。本金就是你赚钱打仗的子弹。很多投资者会认为资金小操作会很灵活，但是就是让你翻倍也赚不了多少。

最佳操盘手就是利用别人的钱为自己创造神奇的业绩和辉煌的事业。巴菲特利用城市里最有钱的人的资金给自己的私人基金赚到了连续 30 多年每年 23% 的收益率，成为世界上公认的投资家。加盟的人都称赞他是多么多么的伟大！因为巴菲特让他们相信他的“复合”投资理念，结果合伙人都赚大钱了。这种赚钱的效应引发了巴菲特可自由操控“他人资金”使基金快速增长到惊人的数十亿美元的规模。资金的推动和个人声望的影响力带动了更大的资金流动量，使得赚钱的效应更加突出。

最佳操盘手的原则就是：在控制资金安全的前提下保持一个相对稳定的收益率。为达到收益率，他们制定相关的操盘细则。

操盘计划细则（参见图 5-1）：

首先，判断大盘的总体运行趋势。可以利用长期移动平均线判断目前的行情是否有大机会。当指数 K 线图在 200 天、250 天移动平均线上方运行时就是牛市。牛市就是做多的市场。选择领涨的个股作为投资组合的品种。进行波段操作，配合成交量调整持仓比例。最主要是利用长线指标如周 K 线图和 MACD 等长线

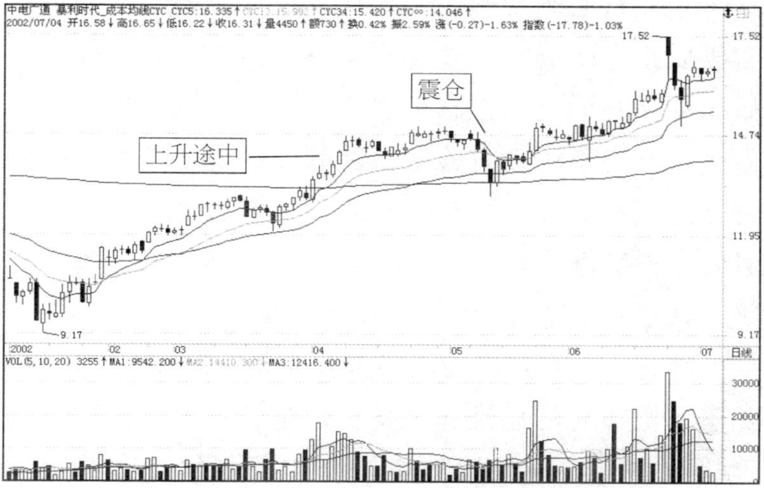

图 5-1

指标判断未来相对长期的股市趋势。

其次，根据大盘的趋势制定操盘的操作方向。炒股票要做“墙头草”，正是顺势者昌。有句谚语“见风使舵，趋炎附势，顺水推舟”是很适合用于股市的。尽可能顺势而为，单边操作，计算可能的利润目标，设定忍受范围内的亏损作为止损价格，当实际情况出现很大变化时要严格执行事先想好的操盘策略。当做错时，止损要果断和快速，不能拖延错过最佳价位。当然，在利润目标到达时也要果断操作，不能把本应赚的钱都因犹豫而丢掉。

第三，要严格执行计划方案。对于某些股票，要进行仔细研究后，等待合适的价位才可以介入，到了跌破止盈价必须卖出股票。也许很多投资者都知道有时候要止损出局，不能参加调整，但是不知该什么时候出局。我们可以在它出现严重偏离股价时出局。要做到这一点事先要有方案，跌到什么价要卖出，否则突然出现大幅震荡就没有方寸了！不仅仅知道该在何价时做何种操作，关键是要具体执行！不执行等于没有规矩，只是凭感觉碰运气！

笔者一直崇拜短线高手索罗斯和彼得林奇的风格，熟悉了巴菲特的思维和风格后，觉得在中国，巴菲特理论根本行不通，比如中国今年很多优良业绩属于“绩优股”，明年变成一般，后年变成严重亏损的“垃圾股”。长期持有很容易变成“ST”或“PT”。后来还是要改良索罗斯和巴菲特的理论以适应中国国情，运用有中国特色的理论进行投资。要追逐强势股，进行波段操作，跟强避弱，随机应变。市场上没有绩差股和绩优股之分，只有强势股和弱势股之分。一年之中逮住几只强势黑马股就可以轻松赚大钱了。平时表现可能一股，有行情来时，就可以看出职业操盘手和业余操盘手的区别。善于抓住牛股不放手直到行情结束才走，是最高明的波段大法。坚持自己的理念，不管别人的股票涨了还是跌了，管好自己的账号。不要眼红别人赚多少！思考自己股票的走势和对策。也许你的保证金正因为这样而增加了不少！

第二节 民间资金力量的聚合

笔者一直强调资金的重要性。股票市场是有钱人参与的市场，没有钱最好不要参与。如果用吃饭的钱来炒股，人的压力太大了，要买柴米油盐下锅了，股票套牢了，明知守一守就解套还可能获利，也得砍仓出来，等钱急用啊！如此操作十有九输。银行和证券联合推出“银证通”服务，使以后证券营业部之间的竞争越来越激烈了，对于资金的争夺也会非常激烈。佣金下调，印花税下调，都是中国金融证券与国际惯例接轨过程中的必然规律和趋势。哪里的服务好股民就去哪里，谁的分析准股民就跟谁!没有人会跟钱过不去！民间的资金是非常巨大的，如果把部分民营企业的资金或者私人公司、个体户的资金聚在一起，力量就非常大了。

“股市下个月又要大涨了，下周有大行情要来了，你不准备好资金把握一下机会，让自己更富有吗?”这是一位著名的投资高手筹集资金时对他的合伙人说的。利益驱动人的行动。有了足够的资金，行情还怕不来吗?资金可以推动股价，制造机会!这就是股市吸引策划人的魅力。笔者一位同学在深圳大学读金融本科的时候就开始动员了本来做房地产的哥哥参与做庄，与哥哥一起动员了几个房地产开发商合谋进行了一次规模达到 7 亿元的资金运作。此次操作非常成功，获利丰厚!出完货后股价还在高位横盘了很久，跟风盘的资金把股价推高了很多。只要你有一次机会，你就可以把握未来!有资金的人在说:“生意难做，炒股操盘好过印钞票。”没有资金的人在说：“股票难炒，刚止损，又割肉，热点转换太快，难以把握。”

一个人的力量是有限的，只有大家聚合在一起才可以力量大，干大事。资金也是如此！资金也要寻找出路，只有安全有利的情况下才会出现大规模介入。如果有很大利益，但是要冒风险也会有愿意承受风险的大资金参与。所以利益是关键。

如何得到大资金的信任呢？你必须判断准确，行动果断快速，对机会的洞察力要强，胆子要大。“没有胆量是干不了股票这一行的。”笔者一位做庄的同学曾这么说。那时他才25岁,可以说“胆大包天”了。

散户的怨言在网站上随处日可见，但是想赚大钱，投资之事，怎么可以怨别人、怨政策、不怨自己!总是给自己找借口和理由，这样的人很难体会股市的真谛，更不用说如何组织资金进行投资了。其实，有钱的人很多，但是做股票的很少。认为做股票是不务正业，只有实业才是他的理想。但是国际上有钱的金融巨头都是通过股票发行和资本运作才能成为更强大的跨国企业的。

当越来越多的企业进入资本运作的股票市场，行情将变得更加精彩。相信不久的将来，很多志同道合的投资者会聚合在一起讨论股票，因为股票交易需要资金，上市公司需要钱，只有经营赚钱的生意才是最聪明的投资者。

看看长期上涨的(600006)东风汽车的月K线图(图5-2)，严重控盘后的走势就像永不停步的上升态势，资本运作的效益可见一斑。

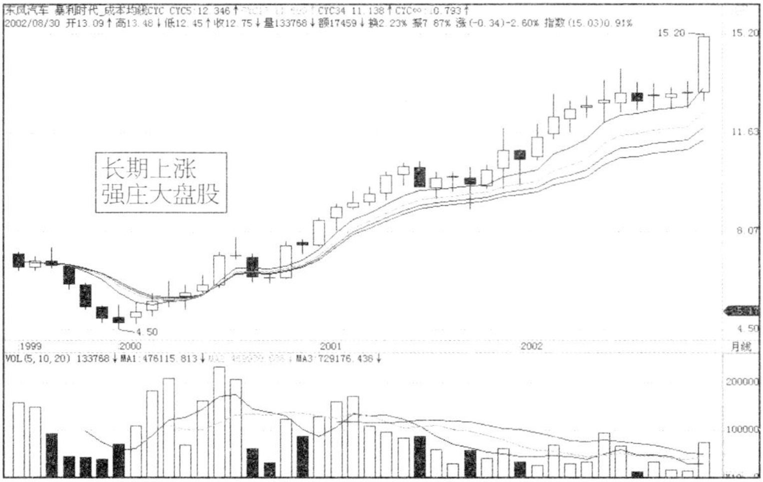

图 5–2

第三节　私营企业转型征战股海路

有稳定的收入是企业发展的根本。生意上了轨道，有了稳定的经济支持，终于可以脱身出来想想做什么。在同学的赚钱示范效应下，笔者也开始动员了几个个体私人老板参与股票的认购新股的投资。理由是几乎没有风险，回报高于利息几倍，满额认购中签的机会会更高。

由于股市的机会比其他地方多，每天股价波动的振幅都会很大，一天涨幅就超过一年的银行利息，而且不止一只股票!由于利息的不断下调，越来越多的企业资金放在银行等于贬值。投资股市成为一些公司的投资收益主要来源。人都要想办法解决当前的现实问题。征战股海，是一种商业决定。选择中国的股市，是因为差价的机会非常吸引人，比其他成熟的股票市场机会多。随着中国的经济发展速度加快，金融市场中的股票总市值不断在创新高，上市的公司不断增加，关心股票的人士越来越多，特别是一些发展比较快的城市和地区，股民比例高达80%以上。有一波大行情到来的时候，一些与股市相关的报纸、杂志等媒体纷纷加大财经报道篇幅来讲述股票讨论策略。股市沙龙、股评报告活动非常火爆，股民的热情简直吓人一跳。四面八方涌来的投资者，把股评报告会的会场都要挤爆了，主办单位和股评家们乐坏了，投资公司和传媒合作，会员的数量又大幅增加。

这些现象都说明一样东西，就是笔者一直强调的“利益驱动资金的走向”。股市是一个很好的投资渠道：资金的出现很方便快捷，不像有些做生意时会出现令人头痛的三角债、拖欠货款等烦恼的事。

随时随地想兑现卖出，都有人接手。而且有些生意想转行不干，找个买家来顶手也很费时间和精力。炒股票的资金可以直接在银行运行，这就是对资金的安全和流动性提供了保障和便利。如果你今天赚了1

万元，你卖出股票后就可以马上在银行取出现金来消费，这种赚快钱的感觉特别爽，而且让人很久不能忘记。

不管什么类型的企业，利益是放在首位的。如果没有利益，企业将不能继续经营下去。如果国有企业的资金要投入股市，必须经过很多程序和审批。等审批下来之后，行情早就结束了。而私人企业，对于资金的调动就灵活多了，条条框框的约束没有那么多。

私人企业转型征战股海可以怎样进入股市呢?首先，要选择一个具有实力的券商，账户上的保证金不会被挪用。然后，要挑选一个决策顾问，或者操盘手或投资公司做出具体的方案。资金量如果比较大的要制定投资组合，减少风险。超过亿元的则要考虑做做短庄，谋取更大的收益。如果对大盘研究分析比较准确，那么，对于大资金的运作是非常有利的。利润机会不会有困难，可控制的变化也就多了，甚至可以利用大盘的走势用资金把股价堆砌起来。凶悍的手法最容易吸引短线跟风盘的注意。大家都关注就变成了热门股、活跃股，只要有充足的资金，基本上是稳操胜券了。

利用股价波动的规律，引导资本的运作，股市为资本运作提供了最适合的场所。中国很早就有一些私募基金，这些不公开的私人机构做好了长期投入资金做大股东的准备。如拳谁把握了 10 只股票的控股权，而这 10 只股票连续上涨了 10 年，有理由相信他就是中国最富有的人。

工作非常本分的人很难达到暴富，愿意冒险的、比别人更勤奋、更努力的人，成功几率要大得多!股票投资 10 年翻 20 倍，早就有人敢想敢做了。大胆的投资人更是两年翻 10 倍。增长的复合计算递增要结合投资者的本领才能达到。

私人企业转战股市是顺应经济发展的一种投资方式。在股市中得到的资金又可以用于增强现有实业经营的竞争力，但不能轻率作出投资决定，风险随时随地都存在!

下面列举一个实实在在的事实给大家借鉴。“新疆德隆的神话”就是从白手起家创业，到拥有 100 亿资产，他们通过股票市场和整合收购兼并一些已经有一定规模的公司达到资本运营的目的。二级市场的战例：新疆屯河、合金投资、湘火炬累计涨幅 1100%、1500%、1100%。德隆长期持有股价长期上涨，上市公司的实际情况也非常乐观，发展速度迅猛。你想拥有一只连续上涨 1000% 以上的股票吗?加入资本运营的股票市场，你将谱写新的股市神话!前提是你必须有一定的资本，还有能帮助你实现梦想的技术决策人才。

在现今社会当中，具有超前意识的战略投资者和私人机构是普遍存在的，只是他们在很多具体运作上会有所不同的，最主要是机构投资者的投资理念不同，所以才导致了操作手法的不同。私人企业征战股市要选好符合自身企业具体特征的资本运作模式，否则，多少资本都将是投进大海不会有回报的。

很多没有进入过股市的投资者，特别是实业家，都不懂股票是什么，不会轻易介入股票市场。也许，要很长一段时间后，大家才可以认识到资本运作的好处。超常规模资本扩张，必然会让更多的人士介入股票这个金融证券市场。

也许民营企业家史玉柱入主的健特生物（图 5-3）会给民营企业家们一些启示，将会有更多的民营企业

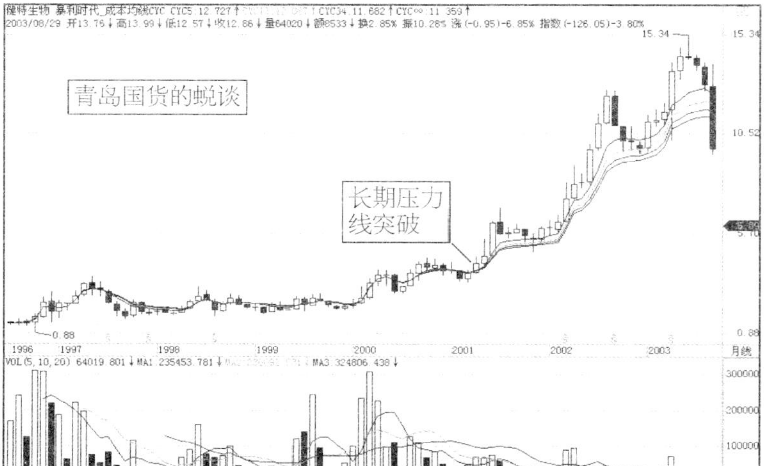

图 5-3

收购兼并上市公司以达到资本运营的功效。

第四节 想发财也不是很难

如何把自己锻炼成为股票高手从而达到发财的目的呢?我个人认为，只有练习并总结。众多的投资者不去总结炒过的股票，过去了，就让它过去了，成功在哪里，失败在哪里，自己一点也不知道，这是多么让人心疼!亏钱的故事情节一次又一次地折磨着股民压抑的心。中国股市熊市的威力让股民们知道了什么是风险。风险已经让长期满仓操作的投资者保证金锐减了一半了，可哪个股民还不是执迷股市!因为曾经有过赚钱的快乐，或者曾经听到过身边友人动人的赚钱故事，所以总希望自己也交上好运，赚个涨停板!

把自己锻炼成为一流高手的步骤(参见图 5-4)：

第一步是认识自己，评估自己的现有实际水平。

第二步是在第一步的基础上制定自己补习的方向和内容。

第三步是寻找大量自己所缺的书本和自己最想突出的本领在哪方面。

第四步是连续地熟读和记忆这些有用的技巧。

第五步是从电脑上印证所学的东西，改良书本知识为实战内涵。

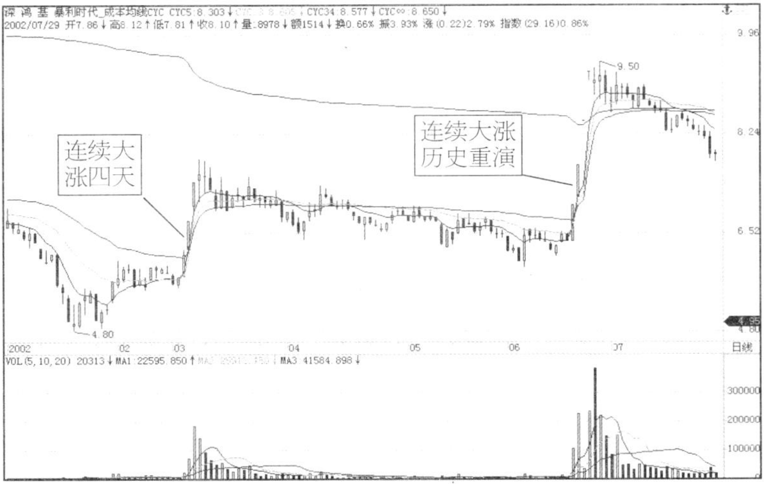

图 5-4

第六步是大量看图表和分析技术指标，把形态、成交量等重要的技术学好。大量模拟练习和预测，自己写大盘分析和关注个股，把理由写清楚。

第七步是总结自己的学习和实践成果，并做记录背熟，将之变为理论的依据。

如果你是一般的投资者，可以通过以上七步，达到知识水平的快速提高。只有专心一致地做一项工作，才会有所成就。炒股票也是一样，不要学得太乱、太散。把自己认为是最好的学精、学专，达到能够赚钱的实战要求就很圆满了。

如果你是老股民，那么你非常清楚：股市里没有人能帮助你，只有你自己。值得信赖的人也只有你自己!别人的研究成果和别人的经验是不能照搬的。因为每个人的性格和经历不一样，形成的方法也会不一样。而且操作起来，用同样一种思路和方法都可能因为不同人在用的缘故会出现不同的效果。而炒股最重要的不是正确或错误，赚钱还是亏钱的结果才是我们所关注的问题所在。

想赚钱的动机力量是无穷的，愿望的力量可以调动人自身的潜能，甚至可以改变人的一生命运。没有一个人不想赚钱。为什么有人成功有人失败呢?信念的强烈程度是个人发挥潜能大小的关键。从看这本书开始，你必须充满信心和斗志。更主要的是有强烈的欲望——我要赚钱。那书的作用就没有白费了。

热情是人的一种心态，炒股票和学习操盘要有热情的心，才可以发现问题的本质，通过努力的学习和市场的印证，掌握有效的方法和技巧就是赚钱的本领。

当一个人充满斗志，他的热情高涨势不可当，他可能会创造出一个又一个神话。拼搏是投资最要紧的。没有出路!你怎么办?必须运用脑筋，想出解决的方法，拼出一条血路。股市中有着浓缩的人生百味，细细体味必将改变一个人的面貌。如果一个人总是失败，垂头丧气，那么他的心境充满的是恐惧，成功的机会就可能变得渺茫了。相反，一个人总是充满斗志，充满热情，昂首挺胸，你会体会到成功的气息，原来人生是如此的精彩！

没有钱的日子，在哪里都那么难过！有钱的人如果不快乐，那也活得不是滋味。只有充满希望的，只有充满斗志的奋斗过程，才能让人体会到充实，其实，自己什么事都能做到，困难都可以克服。

我想读者如果每天都坚持锻炼，走路昂首挺胸，你的心情也会随着改变。把练习的东西记录下来，把要背的经验背得滚瓜烂熟，达到可以随时随地应用的程度。把自己的利润目标定得符合自己的实际情况。“复合”的利润递增，收益率的递增才会让你惊喜！

发财其实不是很难！只要你肯花时间和精力去把自己的特长和潜力发挥出来，并且要做对社会的发展有所贡献的工作，才会有政府相关政策出台的支持。顺应国家，顺势而为！

第五节　透视热点锦上添花

做股市短线客就是要第一时间发现热点，跟进热点股。赚取差价、快进快出、迅速赚钱是股市短线客孜孜不倦追求的目标。笔者认为做短线就是要分析已经启动上涨的股票能不能锦上添花继续上涨。如果非常有把握某只股票能继续上涨，就是找到了短线热门黑马股，应迅速买进赚快钱。

一般来说，黑马总有从 1% 涨到 10%，再涨到 100%的一个不断上涨的过程。因此，在股票电脑系统涨幅榜排名中前面第一版的个股就是最有机会大涨的股票。

热门股锦上添花的方法 (参见图 5–5)：

(1) 如果某股刚刚启动，成交量明显放大，短线上涨，是可以第一时间介入出现大买单的那一瞬间，动作快都能追进。

(2) 已经上涨一定时间，涨幅大于 30% 以上，盘面依然很强，可以跟进，等待更高的涨幅出现时沽出。

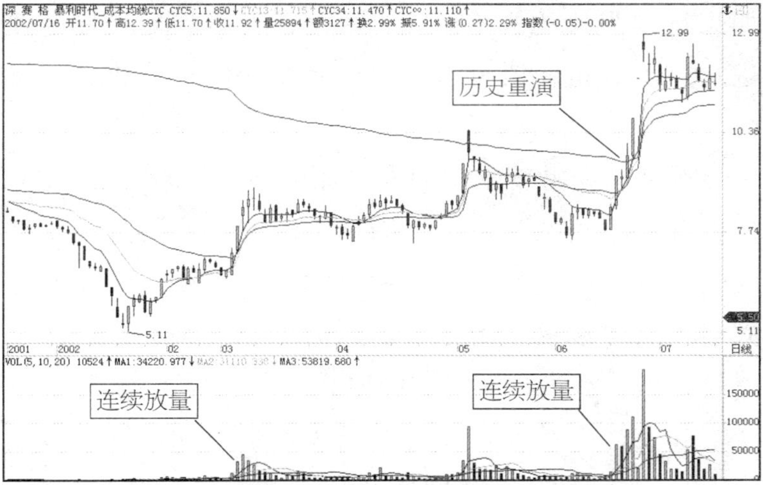

图 5–5

主力能够在已经涨了30%以上继续推高说明其做多的意愿坚定、目标更高。

(3)高送配个股除权前抢权的股票在刚除权30个交易日内出现放量上涨的，短线有机会。

(4)除权股在除权后成交量不放大，而是缩量盘升，说明主力目标远大不想出货。可以大胆买进长期持有!

(5)涨停板后的股票还是连续放量继续上涨的股票也可以短线重点参与。

(6)把股价当天涨幅划分成上涨3%以下，上涨5%以上，上涨7%以上和上涨9%以上。如果你想出货，而且在认为股价惯性上涨时在3%以内进行操作，如果特别强势的股票可在7%挂单卖出。如果你是要进货，最好是谨慎考虑按照最有可能的百分比进行操作。

锦上添花是使富有的人更加有钱的策略方法!在一定的条件下股票是可以不断地上涨的，特别是经常活跃在涨幅榜前列的股票。如果你对于短线的炒作不感兴趣，你可以多看看别人是如何做的。看看自己的性格符合做什么类型和模式的股票。

其实，高手做短线是获利最多最快的，只不过绝大部分投资者都是在股票最后一次暴跌中亏本!

锦上添花需要有谨慎的风险意识，还要有认真细致的研究，才可以做出具体的投资行动。我们要有一套系统的交易模式，并且这是行之有效的模式。如果按照国外的资本市场，发展机构投资者的概念是比较迅速的，很多大型的基金和私人基金及其战略合作伙伴都发挥出非常巨大的金融市场作用。由于资本运作还在进行当中，很多还是行内的商业秘密。中国更是“股不在差，有庄则名”。在监管力度加强之后，很多大机构的资金链出现了危机，导致消息泄露，二级市场的股价出现了暴跌。如果机构的资金实力雄厚，股价还是不会倒下的。但是，合作的投资机构往往闻风而动，使自己同盟军出现军心动摇，股价一泻千里，非常惨烈！

如果你想自己的资金出现大幅增长，你就要学会分析实力雄厚的机构是如何运作的，你只要跟上一把就可以实现一年三倍利润没问题！锦上添花就是要在观念上与大资金运作的思维一致。坚决持有连续上涨每年翻倍的股票，不要动摇。因为股价越是涨高，急速复合递增才会体现出翻倍的秘密。例如，一只10元的股票涨到100元了，是原来本金的10倍了。为了实现几十倍的利润，你必须选好个股，选好个股就是要选好长期运作的实力庄家。也许庄家不会轻易让你知道他在运作的股票，但是上涨是必然的模式，可以从上涨的股票上分析该主力的实力。在此之前，你要了解你认为最牛的机构是如何运作的，把他曾经运作过的股票图形找出来反复分析，掌握他的具体手法。等你发现有股票与这种运作方法类似时，就可以长期观察跟踪炒作了。

如果你喜欢做短线，可以对最近最火暴的股票还有成交非常活跃的股票进行仔细分析，利用大幅的振荡赚取差价或者短线介入主升段。选择长势强劲的股票或者调整到位的股票是短线投资者或者是中长线投资者的每天功课。对于近期的牛股必须倒背如流，非常清楚地知道股票的代码还有基本面情况，永远把注意力放在热点上面。热点最容易出现连续涨停板，你就可以锦上添花了。跟踪热点强势股是抓住黑马的主要前提，如果你一直仔细研究跟踪热点，提前发现将要走出来的热点，那么，你的操作情况将更加顺手，更上一层楼，锦上添花。

第六章　赢家之道

本章介绍一些赚钱的高手是如何运用自己的优势和资本进行炒作的。特别是有些人，天生就是赢家，在他们的投资经历中就是不会出现“亏损”这个词。我们从一般理财工作室开始分析讨论股票的真谛。“赚钱”还是“割肉”，其实就在一瞬间。对于持有还是卖出是所有进入股票市场的个人投资者每天思考的问题，主力机构却在涨完之前从来没有打算过出货。对于好股票，你越是有耐心越是赚得多；对于不好的股票，越是持有越是伤心。作为赢家，到底他们有什么秘诀呢？请你细细研读本章内容。

第一节　最成功的工作室

最成功的工作室就是赚钱的工作室。在很久以前也许“工作室”这个名词很少有人用。但是，随着股市的发展和广告设计的发展，越来越多的“设计室”和“工作室”开始流行。股市当中比较多的是以“理财工作室”的形式出现的。然而，在股市中最牛的“工作室”是谁呢?在股市中比较有名气的分析师、股评人士都有自己的工作室。在股市佣金下调之后，靠佣金受益的证券公司开始出现了价格战，也许联手、合并、重组将成为未来一段时间内中国证券公司的主要发展趋势，网上交易也不断拓展壮大。越来越多的证券公司在竞争中被收购兼并。作为个人的“工作室”很难与机构相比！势必成立更多的公司。股东的选择也要谨慎，发展有赚钱效应的事业，需要大量资本为基础。历史上最成功的投资家都是先帮别人打工，然后时机成熟，就开始自己创业开公司的。巴菲特、索罗斯、林奇等都有自己的公司，其实力越来越强，最后成为跨国集团公司。

中国证券公司的大户室装修越来越豪华，竞争也更加激烈!个人工作室也会像国外一样发展，实力强一点的成立公司，实力弱必然被市场淘汰。股市机会年年有，喜欢投资的人总会在逆境中找到新气象。把握机会最为重要，有句话已经被股民认为经典了:“机会是为有准备的人而准备着的。”可见，股市寻宝，做好准备工作最重要。

股市变化的东西太多，以至投资者往往感到茫然，但静心一想，只是主力的心理在引导我们的心态和观念在变，变得烦躁、变得贪得无厌、变得急切。其实，主力想在我们口袋里套钱的目的并没有改变，只是手段不断有所创新而已!

工作室当中，只要你上网看一看，全部都是当世无双的绝顶高手。打开报纸，全部都是天下第一的黑马专家。选择的个股是怎样的大幅攀升，几乎所有本周最牛的股票都是他们已经操作过的对象，而且还有对账单给你查看!真的这么牛吗?加入试一试，买进的都是不动的股票。最牛的股票一次也没有买到，只是有启动后追高的份儿。

太多不具实力的所谓持牌分析师还有持牌投资咨询机构在进行着黑马的广告，让我们看不清谁最牛。有时我们连续跟进咨询机构推荐的黑马，都没有赚到钱，后来才了解到原来他们也只是自己看盘分析而已，并没有自己机构的资金在运作。真的有资金在运作的股票也不告诉我们这些交了数千元的高级会员。

明白了吗？在投资的领域，没有人能帮助你，只有你自己才是可以信赖的。

笔者认为最出色的是你自己的分析研究。我们都是为了淘金而炒股的，除了炒股票，如果能赚到钱的生意也会毫不犹豫地去干。进行股票研究的根本是为了赚钱。在实战当中，笔者认识了一位从事理财工作室的朋友，他们自己有一定的资金，而且很早就开始做生意赚到了第一桶金，用这第一桶金炒股票，开始参加当时很红火的某机构的工作室，结果亏怕了，100万元只剩下30万元。后来退出股市重新做生意，很快又赚到一笔钱。这次他不再跟别人的工作室，而是自己通过朋友介绍，跟某证券部老总合作自己搞了一个投资工作室，并与该证券部签订该工作室三年内不离开该证券部，并组织一个亿资金来该营业部运作。他把生意上的几个信赖的朋友组织起来进行了辉煌的股票投资。当初合伙时，也有从来没有炒过股票的，只是认为一起干一把也无所谓。工作室的主要操盘指挥是吴先生。他具有敏锐的热点洞察力，总是超前一步发现热点。在连续三次成功买卖获利之后，他们开始停止操作，在一个下午进行了开会讨论，认为现在的股市机会难得，应该确立一下如何把工作室壮大。经过讨论，决定跟证券部内的所有大户合作，还要把影响力扩张开去。几个人就开始分别开展工作。在证券部工作人员的介绍下，该工作室联合了整个证券部现场中户室的客户，还有60个大户。派出去别的证券部组织跟风盘的6位合伙人都传来了好消息。他们开始在自愿利用自有资金的基础上大干了一场。经过连续三天的准备，一切都配合联络沟通好了。9个合伙人按照吴先生的指挥，用全部资金买进了某股票，该股出现了放量上涨，然后，手机、电话全部都用上了，同时通知了原先准备好的各证券部工作室联络人。结果，该股出现了疯狂的上涨，很快就出现了涨停板。一个证券部的自营资金也看到大众被调动起来了，一下子就挂出十万股买单放在涨停板的价位。结果，出现的卖单都是很小的，没有超过三位数的单。涨停板一直封死到收市。这次该工作室首次操盘成功带动了很多以前亏钱的人的积极性。结果该股一周涨幅超过30%。连续做三次策划，都成功赚钱了。该工作室就开会讨论停止了这种运作方式。因为很多人赚钱，他们开始游说认识的人加入到他们的工作室进行运作。小李是年轻的操盘手，她是该工作室最年轻的一员。经过吴先生上次策划的三次操作的成功，她手上有了几位上千万的客户，这几位客户非常信任她。因为她的短线特别准确，为几位大资金客户赚了几次，而且只收了15%的佣金。由于她管理的资金超过一个亿，老总对该工作室的佣金就更高了，还有其他证券部慕名而来的投资者来找她帮忙。有时，证券部也介绍一些客户给小李。兴隆工作室只干了两个月就停止了大规模的买卖了，原因是影响太大了。枪打出头鸟!吴先生在每月的合伙人讨论会上发表了自己的想法。9个合伙人都很信任他的观点和结论，因为吴先生很少出错的。他一向非常谨慎，他是经过无数次思考和论证才把观点说出来的人。

结果，最牛的工作室就不再向别的证券部推荐股票了。后来出现了名字跟该工作室一样的人利用它在赚钱，咨询费收了很多就走了。原来幕后是台湾的老板在国内搞的投资咨询机构利用一些漏洞和别人的名气赚钱。于是，最成功的工作室就解散了。不再拉拢客户，只是各自操作。不再有疯狂的试探很高风险的预测。连最成功的工作室也宣告解散了，佣金继续下调，券商之间的竞争更加白热化！

很多原因导致了工作室的生存空间减少，越来越多的人开始模仿新疆德隆的运作模式进一步开展了资本运作的工作，促成了很多投资公司或战略投资者的融资模式，或者利用股票抵押贷款等方式进行更大规模的运作。然而，2001 年下半年的行情让投入越大的机构损失越多。大多数工作室更是在暴跌中亏损，很多已经关闭了，或者实力已经很小。佣金在不断竞争中下调，这会直接影响到所有券商的收入和工作室的利润。很多投资者将会选择“银证通”交易、网上交易或者场外电话交易等交易方式，使服务一般的工作室很快就被淘汰。但是，每一种事物的诞生和灭亡都有一个过程。所以，股票理财工作室还是会在股票市场存在。很多所谓的服务，都没有达到一些营业部所许诺的那样好。渐渐地，投资者不再信任一切，这对股市以至整个证券行业的发展都会有一种负面的影响。

像(600138)青旅控股(图 6-1)出现暴涨之后的几

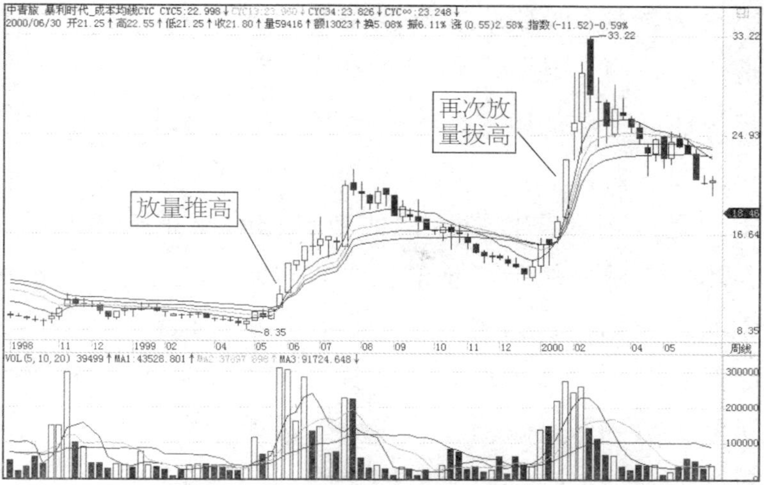

图 6-1

年里只有暴跌等待着投资者。在跟风的时候自己要随时特别警惕，主力是否在出货。如果是出货，你就得顺势操作。每一样事物都有一定的生存时间规律，也就是没有只涨不跌的股票。

第二节 最成功的短线赢家

做短线会更多更快地体会到狂喜、懊悔、大喜大悲。股市浓缩人生。进入股市之后，转过头来再看生活，感觉太有意思了。

几乎所有的短线高手都是有资金实力强大的投资

机构做依托的(参见图6-2)。笔者在多年的股票市场搏击中，有幸认识不少机构高手，还有一位真正的散户短线高手，他用自己的钱全部买进了一只叫ST吉诺尔的股票，这只股票出现了前所未有的疯狂涨停。由于他是一个散户投资者，他把自己的摩托车卖掉了，在第三个涨停板后把他的全部家当加码追进，让所有人为之震惊，认为他是个傻子，可事实证明了他的判断是正确的。卖掉摩托的钱投入产生的利润可以买辆更新更贵的车。还有一次，他看准了一只个股，不仅仅全部家当，连房子也押上了，全部杀进“ST海虹”！又出现了奇迹般的连续涨停板，而且这次投资让他改变了一生。疯狂的涨停板使他从散户变成了一个

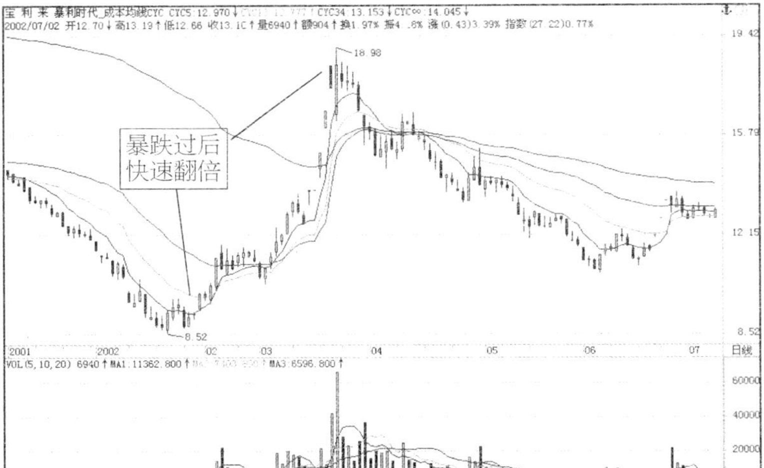

图6-2

大户。他是我见过的股友中最有忍耐力的一个，是在连续10个涨停后还不走的唯一一个人。他是非常自信的一位投资者，从来不看股评，不看新闻，只专心研究重组和技术分析，特别在心理分析方面具有独特造诣，对主力机构运作的心理琢磨得特别透彻。他非常坚定地相信自己的观点和判断，从来不会因为别人的言论和分析而干扰自己的思路。一旦认定目标，他都是全仓杀进一直等主力要出货了才走，中途震仓不会理会。而且胆大包天，把所有的资金都押上。从一个默默无闻的散户变成了一位大户。变成一位大户之后的操作难度大大增加了，很少再见到他在股市上的突出表现，很难有更大的突破。这时主力机构对于“突然而来的大量买进的大买单”会非常谨慎，不知是否有人来抢筹码。采取的应对方法首先就是出货打压，把对方打死，折磨到对方割肉为止。如果对方是实力雄厚的机构，就采取慢慢出货，在对方关键点位进行卖出，打压破坏他的操作思路。这是对于对手盘所采取的残酷手段，决不手软，直至深深套住对手。

短线赢家最成功之处在于能否成功在相对的高位出货。就算是短阶段的压力位也要回避，这才是短线的操作。短线一般获利目标在3.5%～15%左右。时下哪个主力不是赚差价的？循环操作，专门赚取差价，已经成为许多机构，特别是中小机构的研究方法。

制定相对稳定的赢利目标和止损价位是保住利润赚钱的有效手段。精选黑马个股是获取超常利润的根本。

捉短线个股有一些原则，特别注意热点的形成和变化是否能持续。人气的聚散都是重点研究的东西，龙头的表现特别关键。因为炒股就要炒最牛的龙头股。这是赚钱的关键所在。连续出现涨停的黑马最有人气，最有爆发力。白猫股份就像 B 股向国内投资者开放一样，出现了像“5.19”行情的“喷井式”行情。暴富的风景吸引了梦想暴富的人们的目光。

做短线，就要胆大包天，下单快、狠、准。“涨了太多了，我不买。”“ST 股我不碰。”这些话让多少投资者错失了多少发财的机会。

中国现在的股市，像外国的股票市场发展过程一样具有初期新鲜的、不成熟的特点。因此，股市刚刚开始的 20 年内你没有发财，就很难通过股票市场发财了!把握商机，关注股市，利用大好行情出手干一两把大交易，准能比利息赚得多。但是，很多投资者却不愿意离开市场，或者在高风险敏感时期空仓一段时间，没有钱，在任何社会都很难过日子。有钱，在哪里都是贵宾。短线赢家都是喜欢金钱的人，都喜欢研究钱生钱的游戏，摸索出来的规律可以应用于充满机会的任何市场。

短线赢钱的关键在于投资家们对股票有非常深刻的理解，还有确信他们的方法和赢钱的几率。不必在乎少数几次的失败交易。总体的长期短线投资是有规律有序地进行的，没有半点凭一时的冲动买卖。短线需要有一种冷静的性格和敏锐的洞察力。如果你自己对市场波动没有感觉，最好不要做短线投机。选择做波段操作是比较适合一般的投资者的。如果你不等钱花，那你可以选择放长线钓大鱼。交易成本会降得更低，关键要选好个股。如果选的股票不好，可能会血本无归！

总之，作为短线投机的投资者要果断买卖，有自己的独立思考判断能力。心静如水，动如脱兔，反应要快，行动果断，才能把短线做好。如果你真的能做好短线投机赚差价，你就不需要等中线长线的投资了，可以快速发财。真正做到不受别人干扰的投资者很少！如果你能做到不受别人的言论所干扰，坚信自己的判断，你一定能成为短线的赢家。

第三节　一本万利赢钱大法

作为一般的个人投资者，如何进行股票投资才能做到本小利大呢？很多人的志向是在股票市场上淘金，但是，更多的人不会想要采取什么投资的方法和技巧再进行投入。大多数投资者都是买进股票之后才想到有风险，没有想好对策，总是仓促就割肉卖出或者没有思考就已经买进成交了。说到要用一种一本万利的赢钱大法，更是很少人会仔细去研究。

研究应变的操作对策是在买卖股票之前就必须事先想好的。不理解股票的内涵就想象自己发财的买卖是不符合逻辑思维的。只有不断地根据市场的最新变化找出对策才是股市英雄。不管你怎么说怎么想，股票赚钱就是英雄。至于你是用什么手段达到目标的，根本不会有人在意。

我在仔细研究过中国民营机构“新疆德隆”的投资方法和深刻理解其投资理念后总结出一套一本万利的赢钱大法，能真正做到本小利大。这种方法就是主力完全控盘具体程度分析法。更好地理解这种分析方法，可以根据现在上海“德隆国际”进行持股分析。长期上涨的“形象旗舰”是某些机构树立形象的典型作品，其运作都是疯狂地上涨或者连续几年地上涨形成巨大的涨幅。对于这些个股的发现和跟踪研究是达到每年利润翻倍目标的重要方法。

下面具体介绍一下“完全控盘”的分析理由和具体操作理念(参见图 6-3、6-4)。

首先，如果买进一只股票后获利达到 16%以上还不出货的是谁呢?一般的投资者早早就在获利 3%～

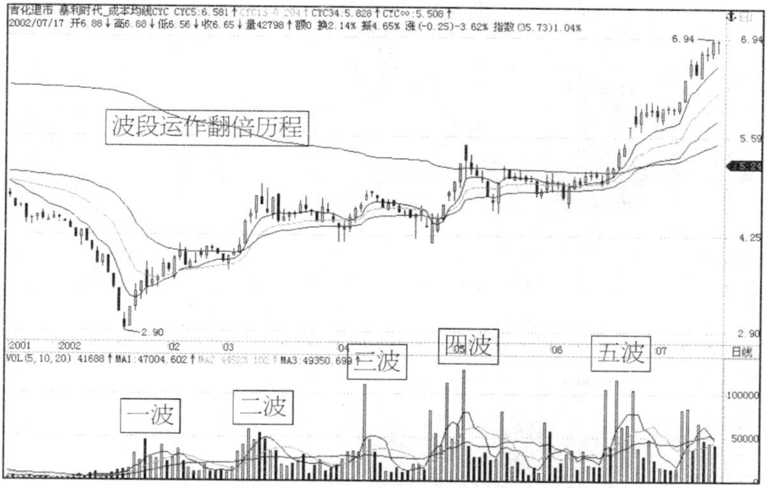
吉化退市 暴利时代_成本均线CYC CYC5:6.581↑ CYC13:6.204↑ CYC34:5.828↑ CYC∞:5.508↑
2002/07/17 开6.88↓高6.88↓低6.56↓收6.65↓量42798↑额0 换2.14% 振4.65% 涨(-0.25)-3.62% 指数(35.73)1.04%
波段运作翻倍历程
6.94
2.90
一波
二波
三波
四波
五波
VOL(5,10,20) 41688↑MA1:47004.602↑MA2:44523.102↑MA3:49350.699↑
日线

图 6-3

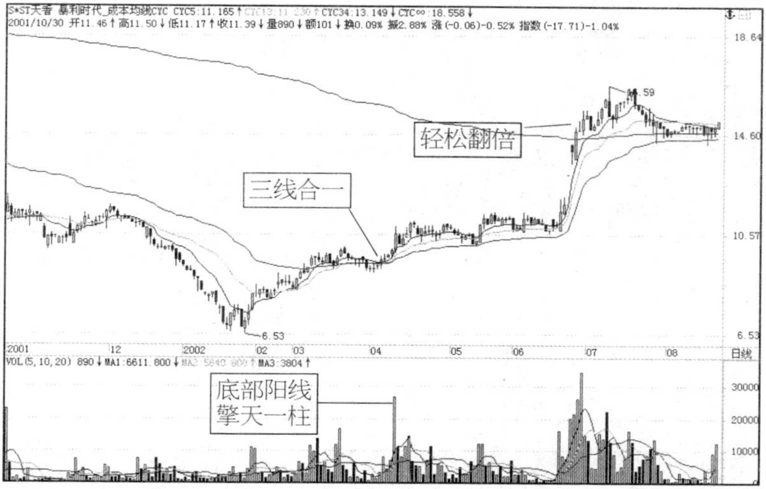
S*ST大香 暴利时代_成本均线CYC CYC5:11.165↑ CYC13:11.230↑ CYC34:13.149↓ CYC∞:18.558↓
2001/10/30 开11.46↑高11.50↓低11.17↑收11.39↓量890↓额101↓换0.09% 振2.88% 涨(-0.06)-0.52% 指数(-17.71)-1.04%
轻松翻倍
三线合一
6.53
底部阳线
擎天一柱
VOL(5,10,20) 890↓MA1:6611.800↓MA2:5840.800↑MA3:3804↑
日线

图 6-4

4%就卖了，贪心一点的也在获利达到10%左右出货了。因此，我们认为是庄家或者与庄家有一致看法的“同盟军”。如果这种分析你认同的话，你就可以继续看这种分析方法了，它将改变你的投资思维方式和投资观点。

我们把获利的比例计算划分为三种，分别是：获利0%～6%之间的，还有获利6%～16%之间的，获利16%以上的。

获利0%～6%之间短期达到90%以上时，就是股票短期内要启动的最佳介入点位。筹码高度集中后，主力通常的做法都是迅速拉高脱离成本区。如果获利16%以上的筹码达到52%以上时是有大机构控盘，机会很多。如果某股票获利16%以上的筹码长期达到85%以上，说明主力“完全控盘”。应该重点注意！这种黑马也许在大盘下跌时可以少量买进，长期持有，收益可以达到惊人的程度。

通过上面对于获利筹码的分析方法，可以非常清晰简单地把股票分成主力马上要拉升的、主力正在收集筹码、主力已经完全控盘等不同的种类。有些主力为了自己公司的资本运作的“形象工程”对自己机构完全控盘的股票会坚定地做多，从来不会因为大盘的走势而影响他们的运作。

对完全控盘的股票进行深入研究，你会发现它们都有一些共同的特征，而且只要你利用这些特征，它们很快就会为你的投资带来新的利润。

只有短期有上攻欲望的股票和主力完全控盘的股票才是我们职业投资者要关注的目标股。平时的看盘是发现这些股票的重要手段，虽然非常隐蔽，但是有些资金介入的迹象是逃脱不了专业操盘手的敏锐的眼睛！一旦发现有动作就要连续观察，不管什么主力，在拉升之前都有一种习惯性的打压，形成见顶的假象诱空，然后迅速上涨。

经过多年的研究发现，ST 的股票主力已经控制的占的比例最高。没有太多人敢介入，所以 ST 股票成为清楚其底细的主力大肆赚取差价的工具。除了这些 ST 类股票，还有一些是长期在一个价格区间振荡，明显有主力在做差价。也许是一些主力根据监管日益严格的新情况采取不断做波段差价的方式就有几块钱，一年下来比长期上涨或者短期大幅上涨获利更容易，而且不会成为监管部门的对象，有利于资金的循环运作。为了达到暴利的目标，有些实力很强的机构同时控制几十家上市公司的股票或者上百家上市公司的股票进行长期波段炒作。当股价推高到一定的价位就出货，当股价跌到箱底就开始进货。这些进货和出货的规模都非常大，使一般的投资者愿意跟风操作。低价股最有群众基础，运作的方式让人放心。融资机构也开始认同这种方式，认为不会有太大的风险，质押的股票长期在一个箱体运作风险很小。很多人都不愿意融资给股价已经高高在上的庄家。

资金动能和筹码分布的具体比例是赚钱的主要研究项目，对于研究股价波动规律的职业投资者来说，笔者认为从获利比例来判断主力现阶段的情况的准确性具有非常重要的参考价值。笔者认为对于股价长期的走势进行判断是非常困难的事情，但是，通过对已经出现的股票盘面特征对短期股价波动的范围和运作方向的推测是比较有把握的事。如果你能看清楚主力获利的比例和短期的做盘方向还有真实的控盘程度，你就有理由分析出主力的操作可能。在一个范畴内进行的运作，安全获利的机会就增大了。资金安全和获利率永远是职业投资者考虑的问题。

能够稳定地获取可预知的利润目标的模式是每一个机构投资者探索的目标。没有安全获利的模式很难得到战略投资者的支持和资金提供者的信赖。

有时一些机构为了取得更大的融资贷款，会收买一些价值评估律师事务所，或者完全控制一只股票的筹码形成强庄的魅力。托机构投资主力就是要利用股票市场上树立的形象，让小部分人知道一些内部消息发点财，然后，利用他们的贪婪，进行大量融资操作，或者利用这些人的影响力来做下一只股票出货时的接盘人。这就是真正的资本市场，到处充满着巨大的风险和机会。

大资金也很有可能在一次判断失误中赔光前面九次赚来的钱!这些跟股评家说对九次让人赚了钱，说错一次让人亏了钱一样。投资者只会记住那一次亏钱的事，半句不会提前面九次赚的钱，只会怨恨股评家，嘴里都说那次让我亏了大钱。股票生意不是想象中的那么好做。发财还是要有独特的技巧和门路。如果不谨慎行事，赚钱变成亏钱是很容易的事。买卖股票最好先分析主力的控盘成本和目前状况，是不是具有短期投资价值或投机价值。

在股票市场做交易买卖的生意，只要知道主力的筹码成本，赚钱就比较轻松了。如果你还不会分析，就要仔细看一看主力庄家的大牛股是如何用金钱画出来的。多看典型的牛股图形，你一定会发现身边还有很多像 B 股开放、PT 股恢复上市交易等赚钱的大机遇!

第四节 天生就是赢家

在中国的股票市场什么人天生就是赢家呢?也许和大多数散户投资者无缘，大部分股票投资赚钱高手都是有他的特殊背景的。我们还是看看那些“天生赢家”

的分类吧！

①策划做庄的人。②证券发行审核各部门及交易所的工作人员。③接近上市公司信息的人。④证券公司或投资基金的管理人员，特别是操盘人。⑤传媒财经新闻从业员。

以上大致归纳这五种人是中国股市的“天生赢家”。他们是股票市场最有能力赚钱的人。

下面具体分析一下他们是如何赚钱的，提供给广大读者借鉴，防止资金被套和更容易跟庄。

1. 策划做庄的人

策划做庄的人天生就是赢家，是因为他们命里注定就是赢家。例如庄家，大多数庄家都是有较深的社会背景，有很多资金围绕他、追随他。他们的资金是如何组织起来运作的呢?很多投资者会问。其实，他们的自有资金只占很小一部分，大部分资金是通过各种渠道拆借过来的。一般投资者谁会借钱给你?别说五六个亿，借一万元都很困难！凭什么别人又会相信庄家，明知道股票投资风险巨大还愿意冒险。这就是庄家的背景和个人信誉还有个人魅力在发挥极其巨大的作用。拆借资金到位就开始运作了。社会就是这么现实，越是有钱的人就越容易借到钱，或者贷到款，熟悉你的人知道你完全有还钱的能力。就算庄家被套住了，他们的融资能力也强，自救资金不愁，天生赚钱就是理所当然。但还是蛮多人不服气要跟庄家斗，不过大多数投资者都成为牺牲品!没有成功的投资者不断被淘汰。庄家具有资金优势、信息优势，还有很多配合的媒体宣传!战胜庄家在某种程度上是自欺欺人的谎言。

2. 证券发行审核各部门及交易所的工作人员

这些证券发行审核部门，以及交易所的工作人员是最有可能和最有渠道知道主力资金的动向和做庄者身份的。因此，他们本身容易赚到股票上涨的钱，还有国家政策的公告和实施的时间差是主力做盘的重要消息，早就在几个月前或更早就知道什么时候可能要出什么消息。他们如果提前投资是没有风险的，我不用多说，读者都能理解到这些人天生就是赢家。

3. 接近上市公司信息的人

上市公司的高层，还有董事会成员以及内部会计主管，是最清楚自己上市公司的最新情况和掌握内部资料的。

4. 证券公司或投资基金的管理人员

证券公司或者是投资基金管理人员是金融股票这个行业的优势一族，对于资金的使用方向以及公司重大消息或者在本证券部资金实力很大的机构分仓交易资料都非常清楚。操盘人更是赚钱的赢家，老鼠仓的获利让自己在很短的时间内就暴富了。由于有行情时操盘手自己的仓底货最后最高才出局，获利通常比配合庄家做庄的上市公司加盟的自有资金还高。基金管理人员用公家的钱或者含金量高的消息为自己的资金账号违规赚钱更是成为基金业绩不理想的上市公司亏损的重要原因，也是上述这类人成为天生赢家的根源。

5. 传媒财经新闻从业员

财经新闻的记者或者相关的传媒先得到要排版刊登的消息，甚至在媒体上做文章煽动股民的热情，很多股民购买了不适合自己的股票。经常听到有关散户、中户亏损的消息。但是，更惨的是到处都是操盘人布下的套牢网，一不留神就被套死了。消息灵通的传媒财经从业员经常跟股评家一起做节目，提前听到有关庄家做哪些股票的消息和目标位，赚钱好像不用费神，就买进了强悍的个股，三两下就封涨停板了，在出货前还在自己的栏目大肆吹捧自己持有的股票，在开盘放量冲高的时候就挂单出货了。这样想不赚钱都难，怪不得他们成为天生赢家。

第五节　会割肉断臂才会赢

做股票有时候会出现买错了，该怎么办呢?必须砍仓出局，否则不会有太多的机会给你卖出了，长期套牢的人总是没有设定止损或者没有执行止损而在严重暴跌后产生遗憾。做股票生意最主要是你必须学会割肉止损空仓，知道自己能承受多大的亏损风险，亏去多少钱是最大能忍受的范围。

如果不会止损出局，100%的投资者都会掉进深度套牢的深渊。越套越深，最后还是在绝望中砍仓出局。换股是非常正常的，因为总有股票涨在前面的。如果你能把涨得慢的股票换成涨得快的股票，这也是一种有效利用资金的运作方式。市场提供给我们很多很多机会，只是很多时候我们不能把握机会而已。

必须从无数次操作的失败中总结出自己的原则，而且原则中必须有时间或者价格的限制。在出现异常的时候必须采取相应的措施操作。一位股友雷大户在运作大资金时遇到很多这样的情况，他的保证金有3000万人民币。开始，他自己运作，听了很多顾问说小盘股好操作，获利大，于是，他买进一只4000万流通盘的股票，以为该股主力要启动了，谁知等他一连两天买进后该股就不再上涨了！第一天涨了一点，第二天买进的就没有涨了，第三天没有钱买了，满仓的股票。股价开始盘跌了，每天跌一点点，到后来一天突然放量大跌，他马上问了咨询的股评人士赵某，还有几位认识的证券公司人员，都说是破位了要“止损卖出”或者“反弹卖出”。“这只股票不好，”旁边的股友也说。于是他在该股跌了9%的时候全部卖出了，正好股价跌停板了，雷大户庆幸自己走了。第二天该股又出现了跳空低开，放量下跌了8%左右开始反弹接近昨天收盘价后又无力上涨，继续下跌到7%点附近，整个上午在6%～7%之间的跌幅中徘徊，下午两点多开始直线上涨，尾市收盘比昨天的收盘价还低。但是，经过几天的盘升，该股的股价一路上扬，再也看不到原来卖出的价位了。市场本身就充满着很多不可预测性的东西。

总结这次惨痛教训之后，决定止损不再听别人的建议，看不对劲就出货，等走好之后再买进。不能让冲动左右自己的头脑，不要做一个没有头脑的投资者。记住自己的资金是自己支配的。经过一段时间的研究，对于割肉的具体方法，雷大户终于有了一点体会：当股价跌破自己买入价的6%就马上止损。如果连续出现止损三次就停止操作，等市场连续三天红盘再进入股市。虽然，雷大户的方法有一些缺点，但是很符合他自己的性格。在暴跌的行情中没有把他消灭。反弹行情到来的时候，利用获利6%以上就走的原则，连续三次获利的操作之后，就一直持有到行情出现连续三天收阴线时卖出。逮住强势黑马股时，获利就很丰厚了。

很多投资者在暴跌中没有止损出局，以至后面出现反弹行情是投资者当中最常见的问题，如果不学会何时要割肉离场，严格控制自己的持仓比例，投资失败是必然。

会卖股票才是师傅。这是大家比较认同的观点。会割肉才能赚大钱，是很多名家总结出来的经验。会止损才能生存!永远不止损，永远被套牢。个股的机会是明显的。涨停的个股也是经常的。为什么很多投资者一年都没有买到一只涨停的个股呢?原因就是贪生怕死不敢操作，亏怕了。从来不敢在涨停板上买进任何股票。结果，强者恒强，越涨越高。弱者越弱，越跌越猛，就是没有割肉!导致了巨大的亏损，无法挽回。

股民最大的误区就是用自己买进股票的价格来衡量是否出货，而不是以买进后该股还有没有上升潜力，以及对该股的趋势进行分析作出买卖的决定。如果你认为手中的股票在买进之前好像很有上涨的冲劲，但是，当你真正买入成交后，该股很快就变得没有上涨的机会了。仔细分析后，原来自己又是上了庄家的当。如果你分析股价还有下跌空间，你可以马上卖出，等有更低的股价，还有买进的机会。但是，也许该股不适合买进，走势非常弱，就算买进了低位，反弹空间也很小，还不如换一只强势股反弹速度快，上涨空间大!

不管怎么说，学会壮士断臂，保住现有资金不再亏损，等待底部确认再在上涨途中买进也不迟，何必一定要在刚刚止损马上又买进呢?忍一时，风平浪静，退一步，海阔天空。持币观望永远机会最多。连续三次操作失败，割肉吧！下跌通道明显，割肉吧！放量破位下跌，割肉吧！长期空仓持币观望是你最好的操盘法则。“存钱式”不断买进收藏的炒股法已经行不通，在熊市越买越套，保证金越割越少。会割肉断臂才会赢，空仓者胜。在牛市，满仓持股赚得多，但是，买错股不会止损也是赚了指数赔了钱！

如果你不知道什么时候割肉出局，那你就很难抓住像(000001)深发展(图 6-5)类似的股票。在发动行情之前任何一个反弹出局都是对的。如果没有资金，主动权就不在你手上。

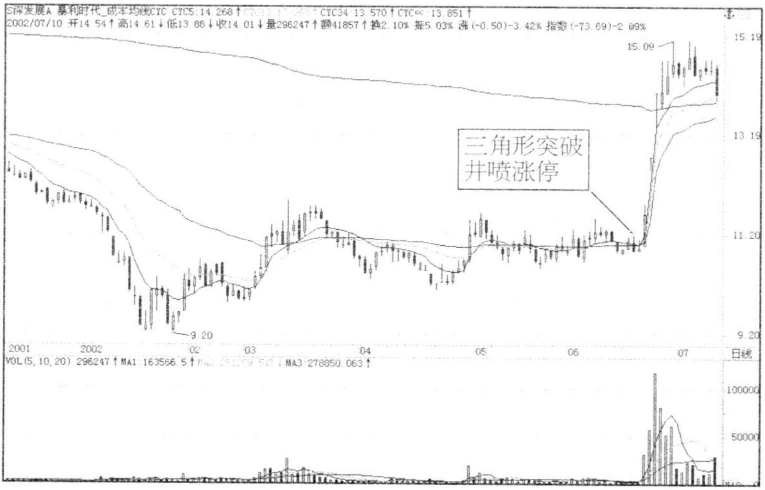

图 6-5

第七章 雪中送炭

给人帮助是什么时候最有感觉呢?一般是在别人最困难的时候,你出手帮助需要帮助的人,那么,你就是及时雨,你就是雪中送炭。这是最有亲和力的做法。受恩于你的人会知道你的。好人有好报,就像一个私人企业的女老板,养大了很多孤儿,孤儿读书特别用功,终于为社会创造了更大的效益。股票常常也是如此。

第一节 难熬的套牢者说

人生的路,不会一帆风顺。波折和失败乃是人生常事。也许很多人认为炒股票总是会有钱赚的,往往让人伤心的是,当你什么都不懂,按照证券营业部门外“自行车指数”在前些年一直最低迷时进场,在最火爆人气鼎盛时退场,每次都能成功获利出局,很少赔钱。但如今,你学习了“阳线、阴线、MACD、KDJ”,使用了很多绝招和最新工具却屡屡失败!世间事,真难料！

买进股票后没多久就套牢了！刚刚砍仓割肉交了“跑马费”，股票又反弹了一下，以为自己选的股票没有错，重新买进而且买得更多，结果，反弹如昙花一现，再次成为深度套牢者！也许很多人无数次说，只要能够解套再也不炒股了，只要能少亏一点点，稍微反弹一下，就从此退出股市了，然而，世事总是不如意，失败、套牢总与人们有缘，暴跌之后再暴跌亏损60%居然还大有人在！这就是中国股市熊市给我们带来的痛楚。失败的本身并没有优点，过错的唯一好处就是使人能从中学到教训。但是不是每个人都能成为股市金钱游戏的胜利者，绝大多数的投资者都只能是失败者！当笔者的老师叫笔者写一本《千万别炒股》时，行情就开始暴跌，风险凸现。如果一周内马上写好上市发行，也许可以帮助不少投资者回避风险。

吴敬琏提前提示散户投资者“泡沫经济”股市将会出现价值回归！然而，在他得到非常高的评价和褒奖后，又真正有多少投资者真的听信其苦口婆心，马上出货回避熊市的淫威呢？

股市就是这样，不管你以任何身份，不管你是处级、厅级还是高级教授学者，只要你不是庄家主力，你就有可能成为难熬的套牢一族。真是市场经济！货币经济！股市里只认钱不认人。这样的股票市场，成为小部分超级机构财团“印银子”的最佳去处。

运用自有资金炒股的投资者虽然亏了50%，但生活还是没问题，省一点就是了，不算是最难熬的套牢者。还有一些是亲朋好友集资来炒股的，或者借钱炒股的投资者，在漫长的熊市的打击下，已经完全没有翻身的机会。欠下的债，一辈子都没法还，不知如何去面对。还有为大资金做庄失败的操盘手，一个真正深度套牢的操盘手，在老板的压力下又多了一件意外的事——自杀跳楼。很多经受不起亏损失败的操盘手选择了退出股市。也许这是一件好事，过着平凡人过的日子，从此不再踏足股市，面对朋友对股市狂热的迷恋，他只有淡淡一笑置之。他已经不再谈论“股票”这些字眼，股票真正从他生命中抹去。就在所有投资者都绝望时，开户人数增长速度下降，成交量下降，国家股票交易税收大幅跳水。国家又推出利好消息，让人们重新点燃希望之火！但是，对于长期丧失信心的股民而言，就算真正出利好消息，股价短线反弹一下之后还是引来更大的抛压，等超级机构投资者进场后，市场才出现像样的板块轮炒的多头行情状态，否则，只能是个别个股的行情。对大盘没有实际性的作用，人气依旧消散。

套牢的人总是最痛苦的，身心长期被股市煎熬，人被折磨得不成样子，大半辈子辛辛苦苦积累、来之不易的血汗钱就这样泡汤了，被股市中的大鳄吞吃，没剩下一根骨头，甚至连渣都没有。套牢的痛苦滋味，无处诉说，精神长期抑郁，像喉咙吞吃了鱼，被鱼的刺卡住喉咙，疼也说不出声来！很是悲哀！想摆脱这样的现象，就必须寻找医生对症下药。利用你自己现有的一切资源，找到可靠的投资专家指点迷津，或者找自己认为必赚的方法。

套牢者，一个让人心酸的名称。他们是中国股市的见证者。亲身体会股市的悲欢，正如人生，不如意事，十有八九！克服现状的困难，前面将是海阔天空，任你翱翔。振作起来，把背挺直，你会发现股市的行情牵动着人生的百态。细细品味，你就洞察先机，抓到一匹翻倍的黑马，你不就发财了吗！如图 7-1，看准时机，东山再起。套牢难熬的日子总会过去的，幸福的日子就在明天。正如初升的太阳，曙光给人美好的向往。选择放弃套牢的股，选择新的投资对象，你可能心情会好过一些。如果有信心，坚持持股，只要不摘牌，也许还有翻身的机会；就算摘牌了，也有重组成功后恢复上市的可能，也许因祸得福碰到盯白猫一样的机遇就发财了。总之，投资全靠你自己，没人能帮你作出决策。真正在金钱这方面能帮上忙的只有你自己！什么事情都要靠自己，别人是靠不住的。

“在大跌的时候总是套住我，在大行情到来的时候

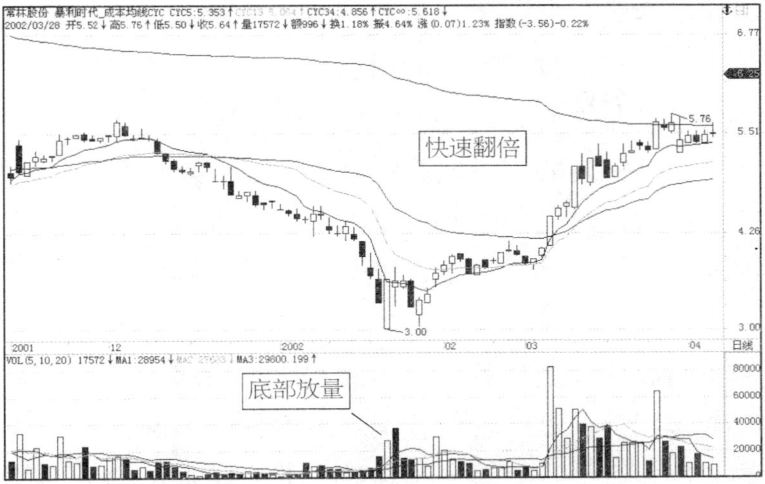

图 7–1

才刚刚解套，谈不上什么赢利。”很多投资者都是这么说，就像坐了一次过山车。

第二节 难得的雪中送炭

在最需要人帮助的时候，是否有人在背后默默地支持着你勇敢地走过最难熬的峥嵘岁月?锦上添花固然美妙，雪中送炭更加难得。通过上网学习了很多专业网站的财经知识，还有各门各派的操盘思路，每日一股，不一定准确，但从分析的思路中有时也会得到启发。看了雷大户的“星星之火可以燎原”；看了阿峰的中线潜力黄金股；每一位影响股市的重要人物，每一句话，每一次推荐都可能引发数千万资金的追随者的追捧。喷井的大单个股行情就这样引爆。

如果投资者在最困难的时候，想一想，自己的优势是什么，自己的劣势是什么，重新看清楚自己，重新认识自己，也许很多疑惑会很快得到解决的。如果你知道知识可以改变你的炒股亏钱宿命论，你可能买了电脑和软件之后就开始不断在股市的海洋寻找学习的营养。上网是学习的开端，搜索你需要的投资专业网站，你可能也会认同站在巨人的肩膀上，你会更高大。这样节省很多时间用于详细分析每一条影响股价波动的信息。这里说的是正面消息，笔者从来不建议投资者在网络上打听小道消息，因为小道消息有 90% 以上是骗人的，信一成都要倒霉！我们可以看三大报纸公告，还有官方的言论，这些都是直接得到的信号。

笔者建议股民不要把自己的成败寄托在别人的身上，因为把握自己命运的人是你自己。运气和机遇都是公平的，你要知道你不算最差，还有更多人比你更惨。

下面给急需帮助的中小散户投资者一些短线秘诀，以解燃眉之急。短线法宝，及时买进黑马。

(1)短线快速买进，时机的判断。短期移动平均线金叉。

(2)短线仓位。控制仓位就等于控制了风险。

(3)开盘马上买进，抢占先机。当你分析来分析去，目标只有一只股票时。

(4)下午 14：30～14：45 买进绝招。大局已定，强势盘升股加速上升。

(5)尾市最后两分钟买进秘诀。明天跳空 3 个百分点开溜。

(6)涨停买入法。谁先涨停就买谁。明天赚 7 个点出货。

(7)短线出货绝招。下跌通道逢大阴线出货逃命。

(8)短线均线死叉快卖出。观望。股价跌破 24 天均线(生命线)。

也许很多投资者都没有想过，短线技巧是有原则的。只有执行自己制定的买卖原则才可以控制风险和利润。原先也许很多人不会去做短线，但是，如果知道一个道理，经过分析，自己持有的股票如果还要跌，就要狠一狠心，卖出止损，在回落到更低再重新买进。这样就可以把该股票的下跌差价赚回来，减少损失。在股票反弹的时候还可以赚钱!因此，一种理性的投资方法和恰当的操作策略是股票短线制胜的法宝。

也许很多时候可能破位时卖出了，有所损失，但是保护自己的资金最重要，在熊市到来的时候最好是空仓。刚刚破位时不走，有可能永远被套住。不能出货，带来的将是资金不能流通套死在高位。但是，如果行情到来时你没有把握住，也是很难有大的突破。学会把握机会也是要时刻准备的。每当到达一定的极端，行情就自然会向相反的方向运动。股价就是很有自然规律的波动，其中，人为的政策行为、心理变化是影响股价异常波动的主要原因。

有人喜欢研究长线钓大鱼，有人喜欢中线做波段，笔者最喜欢短线博差价。而且，黑马往往在低价股中诞生，专门研究短期股价波动的股票对做好短线操作是很重要的。虽然短线利润赚得快，但是同样短线操作的风险也是非常巨大的。能成功的短线客是不多的，也许只有万分之一的投资者能做到。要重点做到热点一退潮马上要清仓了结，否则，后果将不堪设想。

在这里可以提供投资者一种短线思考的方法，也许可以带来意外的收获。当行情启动，一定会有个别个股大幅攀升从而大大刺激人气，使原先涣散的人气在短时间内得到激发。只要涨停板的股票越来越多，行情就会延续，如果一个股票涨停都没有，行情是很难展开的。认识到这一点后，就可以利用联想的方法赚取差价。笔者记得“5.19”行情是东方明珠一马当先连续大涨，你就可以马上联想到同一板块的电广传媒等一批个股一样可以赚到丰厚的利润。在外资并购板块中看到(000550)江铃汽车(图 7-2)2002 年 4 月 26

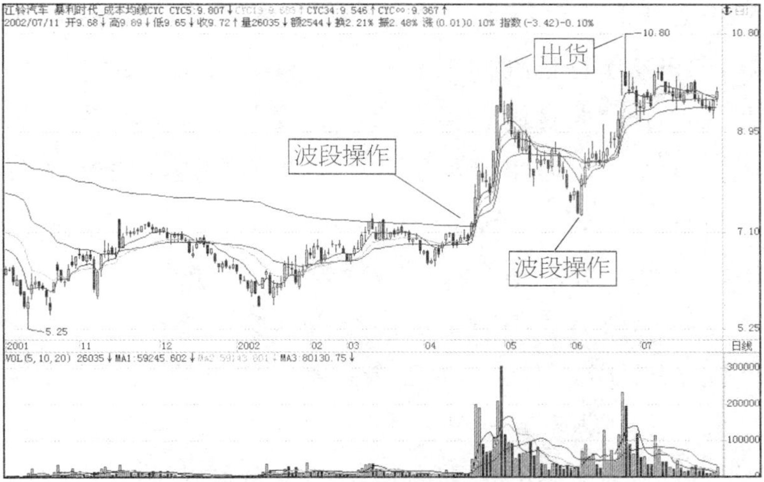

图 7-2

日涨停板，马上买进同一板块的(000625)长安汽车短线也能赚取 15%的利润。这就是给股民朋友的短线法宝。使用这种方法最好是在当天股票市场出现有几个股票涨停板的时候。这是比较保险的，因为只要有人领头，就有庄家会雄心壮胆愿意发力拉抬股价。如果机会不大，大盘不好，个股的买进的成功机会就大打折扣了！审时度势，看好自己的钱包最重要！

第三节　最悲哀的股盲叹

一位股民办理了股东账户卡后，将全家历年的积蓄悉数拿到证券部投资，并办理了电话委托，那时要

5万元以上才可以享受电话炒股的特殊荣誉。开始还好，1998年行情在向上涨，两年赚了点钱，已经是10万元户了。夫妻俩有商有量，恩爱非常，满以为从此脱离贫穷，迈向小康，从此走向富裕之路，将来还会有自己的别墅，小轿车……

可是，好景不常，屋破逢夜雨，出海遇风浪，股市连续暴跌后还不断下滑，想卖都卖不出去。经历了连续20多周的下跌，保证金只剩下原来的三成。真是欲哭无泪，悲哀异常。

经过夫妻俩的慎重商量，决定金盆洗手，从此不再涉足股市。并且告诫子子孙孙不能碰股票！一生做个平凡的普通人。

这就是善良的股民，遭受到缺少诚信的做假账上市公司的大骗子的欺骗，成为股票市场的牺牲品！也只好风险自负，没有办法，无奈，只好带着自己所剩无几的保证金离开股票市场，永远不再相信股票，不再相信上市公司，也不会再相信持牌律师事务所的诚信，还有为欺骗上市成功的上市公司放“通行证”的审批部门。

消灭了一个散户，就等于失去了一颗心，没有了民心，就不会有好的股票市场。金融的危机很容易在中国股市中的隐患不断被曝光后出现。但也说明了一个真理：“现金为王，顺势而为。不会空仓，就不会赚钱！”明知股票是有时段性的，只在一定的时间段内有机会，一般波动不大，在萧条的行情下做股票等于在浪费生命。看股票行情成为了累赘！每次股募市场进入萧条的时间里都有千千万万个百万、千万富翁破产，行情到来时，同样数量新的百万、千万富翁又诞生了！这就是股票的循环(图 7-3)。

很多投资者都是在亲朋好友进入股票买卖的情况下，自然地听说股票机会多了，就进入市场了。很多股民都没有股票方面的知识，而且对于交易的规则都不了解，只是看看报纸、听一些水平不高的投资者讲解股票是什么，都不具备行业分析和前景分析等知识。只是非常表面的技术分析，也许不叫“分析”，只能算

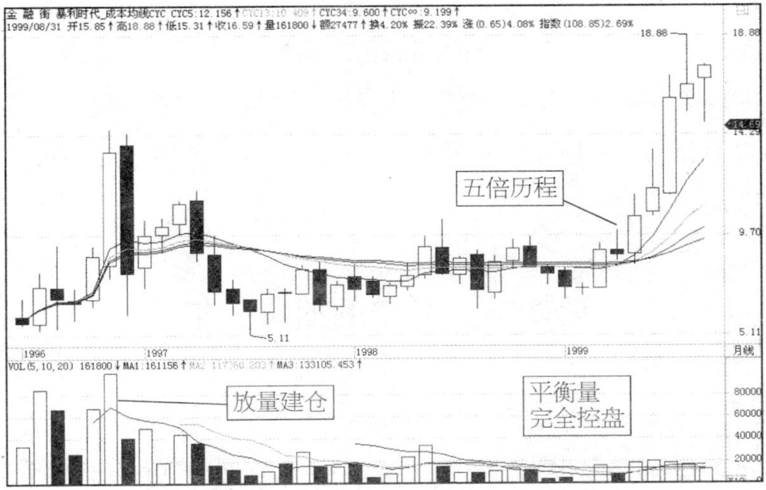

图 7-3

“叙述”。但是，股民的股票分析水平很难在短时间内得到提高。对于股票发行非常了解的人也在为欺骗上市的公司干活，等米已成炊的时候才出来讲几句，对已经严重损失金钱的股民无任何帮助。刚刚开始的股票市场，都是不断出现暴涨暴跌，跌了都怨政府。后来，经过几年的“培训”，大家亏钱了就不怪政府了，只怨自己学艺不精，成为冤大头还不知道。连在正规媒体公告的消息也变成圈钱的工具！假消息、假业绩成为投资者望而却步的主要原因。很多庄家机构赚了钱就走了，不会再帮助大家去解套，所以十有八九的投资者都是亏损累累！

对股票什么都不懂，最好不要炒股！炒股票几年都没有赚钱的投资者最好改行！经纪人业绩很差的也改行算了！没有赚钱的股民要清醒了！你就是股盲！你的叹息不会有人同情，只能与和你一样的亏损投资者有深刻的共鸣！别的没有什么，也不会为你的不幸遭遇惋惜！

第四节　寻梦的期货少年

很多早期从事期货交易的朋友现在已经改行从事股票交易，原因是政策主导。有人在期货市场上把自己的前程断送了，特别是指数期货市场。

香港回归，恒生指数期货是不少广东投资者发财的机会。指数期货，可以买涨也可以买跌，风险与利润成正比。有人梦想着在期货市场一天暴富。

但是，资料显示却是亏钱的投资者占绝大多数。同时，期货的机会使不少年轻人暴富了。

年轻的分析师在分析着期货的涨跌，只要能把握机会，是能在别人非常艰难的同时，发现致富的门路，两三年就富了，也许在短短几周就富有了。

机会不会那么容易就出现在你面前的，特别是期货市场，经历过期货的投资者更加懂得风险。风险随时都会出现，把握不到机会的人也就被淘汰了。法规的完善，使不少期货经纪人无法适应新的变化。有一段时间不能炒期货了，就把一批人赶到了保险经纪还有股票经纪的行业中。股票为大多数人所接受，因此，股票经纪人还有一定生存空间。但是，随着不断降低交易手续费的趋势，很多经纪人都没有了主要的收入来源。保险经纪人也是在街上摆摊拉客户招人马。很快，证券营业部的工作人员也在街上摆起了摊位，免费为过路的投资者解答问题。然后，就到了银行的工作人员在街上摆摊卖卡，信用卡要推出去，存款要拉进来。通过到处发宣传单，还要摆摊来招揽客户。

随着中国加入WTO，经济要和国际接轨。期货市场也是要发展的。最起码指数期货是一定会推出的。

指数期货有做空机制，可以做空赚钱。或者与股票进行对冲，如果股票下跌，可以在指数期货市场中沽空以弥补股票的损失。现在，还没有指数之前，如果股票指数下跌，股民手中的股票都会下跌。系统风险很难避免，最多也就空仓，回避风险。但是，赚不到钱！这是目前中国股市的缺陷。主力机构还有个人投资者都只有做多才可以赚钱，当管理层认为指数太高的时候，股票的系统风险就凸显了。

很多经纪人从事期货特别是一些农产品的疯狂炒作，使涨跌停板很大程度为主力个人行为所干扰。随着中国加入世界贸易组织，期货市场将进一步开放。期货市场也将再一次变得活跃，迅猛的发展将带来很多机会。寻梦的少年也许抓住这历史性的机遇，可以从新的期货市场的投资中得到很大的财富。

投资的机会就像雨后春笋一样生机勃勃。把握今天，就是把握未来。投资的哲学就像是一种艺术。财富的流动就像天上的白云，变化万千。

其实，抓住这样的股票也不会比期货赚得少。像一些长期翻倍的股票，例如(600228)昌九股份(图7-4)、(000061)农产品(图7-5)。大盘涨跌的黑马股是我们重点关注的品种，也是赚钱的有效方法。比起把钱存在银行要好多了。如果你能控制好自己的风险，那么，你就是最后的胜利者。不管是什么样的投资方

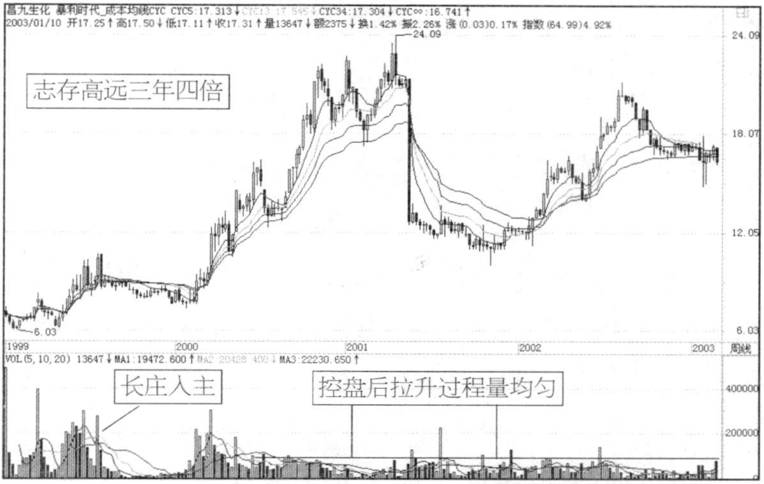
昌九生化 暴利时代_成本均线CYC CYC5:17.313↓ CYC34:17.304↓CYC∞:16.741↑
2003/01/10 开17.25↑高17.50↓低17.11↑收17.31↑量13647↓额2375↓换1.42% 振2.26% 涨(0.03)0.17% 指数(64.99)4.92%
志存高远三年四倍
24.09
18.07
12.05
6.03
1999
2000
2001
2002
2003
周线
VOL(5,10,20) 13647↓MA1:19472.600↑ MA3:22230.650↑
长庄入主
控盘后拉升过程量均匀
400000
200000

图 7-4

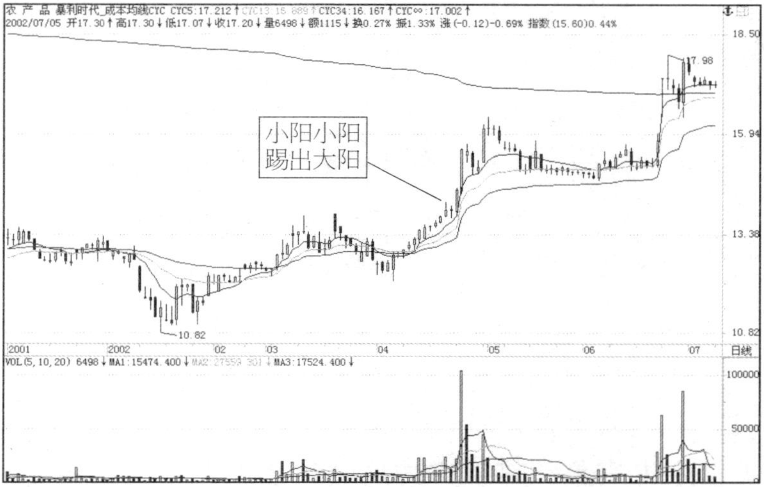
农 产 品 暴利时代_成本均线CYC CYC5:17.212↑ CYC34:16.167↑CYC∞:17.002↑
2002/07/05 开17.30↑高17.30↓低17.07↓收17.20↓量6498↓额1115↓换0.27% 振1.33% 涨(-0.12)-0.69% 指数(15.60)0.44%
小阳小阳
踢出大阳
17.98
10.82
18.50
15.94
13.38
2001
2002
02
03
04
05
06
07
日线
VOL(5,10,20) 6498↓MA1:15474.400↓ MA3:17524.400↓
100000
50000

图 7-5

式和投资品种，只要能抓住主要的判断方法，长期炒股也是赚钱的。

第五节 “宽容”股评专家

股评家是股票市场不可缺少的，没有他们的出现就很难快速传递一些消息和政策。在大大小小不同的股评报告会上，股评家们不断地开展工作，教育股民学习股票知识。有些股评家自己的分析水平一直不稳定，导致很多很多炒股的人看了几次该股评家推荐，一次涨了，两次涨了，于是，就开始了在第三次推荐时买进。刚刚这时大盘已经见顶，买进后一直暴跌不止！“黑嘴”和“庄托”的泛滥，使证券咨询的水平很难达到高的层次和水平。因此，非常需要真正有行业分析能力的“CFA”(特许金融分析师)。

其实，钱在你手，又没有人用刀指着你逼你买进某股，决策最终还是你自己作出。自己听信他人怪得了谁?

确实有不少股评家是利用了别人的资金为自己“抬轿”，甚至更有黑心的人为庄家出货做“吹鼓手”，煽动别人高位买进让主力成功出逃获取暴利。试想，如果股评家没有与主力勾结，主力又怎么会给股评家佣金呢?其实，有些股评家本事特大，一看好就涨停，不就是庄家出钱捧红他的吗?你又怎么怪他呢?他本身就是庄家主力手下的一颗棋子。

证监会人员在公开的发言中也说:“中国现在还没有真正的证券分析师,虽然电视和电台或传媒上的股评节目铺天盖地,但是,所谓的股评连自己在说什么都不知道的现象很普遍。”正规的媒体都这样评论股评人,可见股评这一职业的艰辛。刚开始,股票还很少有人炒时,大家都把股评家当成神来拜。可是股票发行多了,参加炒股的人也多了,股评家的地位开始动摇。股票不断下跌,更多的股评家和投资公司受到挑战。一些违规的保底操作由于巨大亏损,合同无法兑现。这样,劣质股评家和投资顾问公司被推到被告席。不断出现的违规曝光,使大盘更加雪上加霜。在熊市当中有很多不利的消息在市场上流传,股票的风险也非常大,回避风险最重要。能保住本金的就是下一波行情的赢家。比较高级的股评家通常与一些庄家勾结,在有些场合帮助庄家出货,做吹鼓手。一般的股评家只能用自己的表面分析推荐股票,很难出现涨停和暴利,推荐的个股亏损是经常的。这也只是股评家自己的水平有限,不是存心去害人。

在众多因素的影响下,股评家处于很不对称和矛盾的地位。因此,股民朋友要靠自己,不要靠别人。提高自己的分析水平才是真正赚钱之道。但是,不懂得金融投资的朋友最好不要炒股票，越想快速暴富的人，就越容易快速变穷，这就是实战股评带给你的忠告。

我们只有宽容股评家。因为，没有他们的宣传，股票市场不可能这么快速发展，达到现在的繁荣阶段。当然，一些合同出现了违规现象，股民要维护自己的合法权益。股评的差异，由于分析水平的限制，很多失误都是他们自己不想出现的，股民也应当理解他们的情况。宽恕股评家，你要回到通过自己分析通往致富道路的正确轨道上来！不要再靠别人，现在就靠你自己吧！

给大家一个忠告：不动脑筋的人始终不可能发财，也不会有什么成就的。

每一次行情展开的时候，都会有很多股评活动铺天盖地地在各个场所举行，很多新加入股票市场的新的投资者依然很喜欢热闹，于是，一些股票出现了突然的放量拉升，然后就开始出现很大的抛压，股价纷纷回调。新股民又开始成熟了一点。世上真的没有免费的午餐，什么东西都要靠自己，没有任何人是靠得住的。特别是在股票市场，风险不是任何人可以控制的。有些非系统风险是防不胜防，风险到时才知道它的杀伤力是如此的巨大，以至我们普通的投资者无法提前回避风险。股市一下子就跳水下来了，股民的反应是很难估计的。特别是在熊市，很多利好消息一个接一个地出台，还是很难改变交易冷淡的局面。

下　篇

宁波高手英雄篇

第八章 梦想成真

为了让读者不会浪费时间，看完本书，笔者致力于全面介绍该行业顶尖重量级人物的投资理念和独门绝招，让有缘人体会赚取金钱、享受成功的美妙感觉。只有真正学会自己独立思考和判断主力真实意图的股友才可以梦想成真。也许因为懂得了一些看盘操盘和跟风的技巧还有主力做盘的方法后，你会不相信自己居然对主力一目了然看得透彻，然后觉得金钱来得是如此容易!那你就要小心了，出人意料，才是主力赢钱之道。认真分析每一个例子，是提高盘面语言感悟能力的最佳办法。行情特别是大盘走势更经常在你笑到合不拢嘴时给你一个重挫让你哭笑不得。每一位投资者都应该清醒，自己活在现实当中而不是在梦里。梦想与现实之间，你必须学会了解自己。如果你还没有学会看盘面语言，很难从原来的20%成功率一下子达到98%以上的命中率，那么只有在现实中不断提高，最后达到高手境界80%以上成功率就已经不错了!由于主力的优势比散户多，散户处于被动，散户只能采取游击战，打一枪换个地方，积小胜为大胜。只要通过模拟操作提高训练量从而提高分析水平和实战能力，梦想成真也就为时不远了。“获胜的人总是看到问题的答案；失败的人总是看到答案的问题。”也许你现在开始已经慢慢理解到股票就是一种心理的自我挑战，用智慧和金钱来争夺王者至尊的辉煌。

第一节　首席投资经理

投资经理是管理资本运营的高级人才，具有很强的独立开展工作能力。一般投资经理的收入会非常高，其决策和运作方式可直接影响到投资的成败，关键在于思维的变化。

要学习就学习最牛的投资家。下面介绍一下有史以来最伟大的投资大师之一巴菲特是如何组织资金进行投资的。有人知道主力运作黑马的秘密，就从此富有起来了。

首先，要学会筹集资金。没有钱就没有投资的机会，投资的技巧学了也等于白学了。有句谚语：“施舍先及亲以。”要从别人的口袋里掏钱出来给你去投资是要有艺术和策略的。如果你也能像巴菲特那样组织 98 个非常富有的合伙人给钱让你投资，那你想想，每人就算出 50 万元都有 4900 万元的资金了。如果你利用成功的赚钱事实，找的是更高层次的富人，每人出资金500万元就有4.9亿元，可以做庄家主力了；也可以动用更多的杠杆效应，也带动至少一倍的资金来跟风和推动。

其次，如何保持资金的增值。巴菲特的投资就是买进被低估的股票。由上市公司的前景决定投资的行动，然后就是等待一个合适的价格买进并持有。这是先选投资品种，再选介入价格的价值投资者的典型类型。每次股市暴跌都是价值投资者的理想买入点位。他们认为一些内在价值比现在价格要高出很多的股票，或者是一些长期具有稳定增长的股票，前景看好的传统行业，是每次股市大暴跌时的最佳选择品种。

然后，就是要学会沟通了。把你的朋友的资金调动起来合作操盘，如果你有足够的信心能够在股票市场上赚到钱的话。不要怕没有后路，只要你想，办法总是有的。如果你不想，不动脑筋，你就很难成功，更不用说要解决当前的困难了。也许你也不适合巴菲特这种用一生来投资非常长久才有那种暴利的模式。如果你喜欢索罗斯的风格，做走在K线图前面的人，你也许会冒更大的风险来赚取更大的利润，而且，速度非常快，也许就这么三年就暴富了！

年轻的人都喜欢幻想，都想快点致富。年纪大的投资者，都喜欢获取稳定的收入，比银行的利率高几倍就够了。其实，只要你把握了一两次大的机会就富了。特别是在新的股票市场更容易暴富。

作为投资经理，而且是首席投资经理，是对市场非常清楚和深刻了解的，必须为委托的投资者负责。行情不管好坏，都要比指数强，指数涨了5%，你的收益率就必须超过5%，才会有人信任你，继续让你做投资经理。否则，亏损的将是非常巨大的数额！你的投资经理的高收入职位也会因此而丢，而且影响你在行内的声誉，你想立足就很难了。没有把握好机会，很多人寄望下一次，但是，人生只有一次，有时很多事情都没有后悔药吃的。在某种情况下，你必须表现出很出色的理性分析能力，避免一些重大的决策失误。

首席投资经理在投资活动过程当中负主要的责任，因此，他需有丰富的作战经验，才能适应市场的变化。大资金的运作更加要把握大盘的运动方向。如果能准确地预测大盘的走势，运作股票时就可以很好地结合大盘的走势为己所用。在大资金运作中，低成本完成建仓是一个出色的首席投资经理的看家本领，还有高位出货的任务也是很艰巨的。利用市场的追进心理，在用少量资金推高后引起短线的跟进的同时卖出更多的持股。中间的推高就不一定会一致了，每个人的观点不一样。所以，结果也不会一样。股票市场就是这个模样，需要非常精明的首席投资经理带领市场热点。

黑马就在不经意间产生，等到你认同时就消失。

股市行情不断循环，黑马不断更换，只有深刻理解其中道理的投资者才知道黑马的涌现时机(图 8-1)。在茫茫股海中，只有真正超越自己，创新思维，才能在股海沉浮中，长盛不衰。学习首席投资经理的投资经验，把它的精华转换为自己的经验，为自己所用，善假于物，就能站在巨人的肩膀上，站得更高，看得更远。

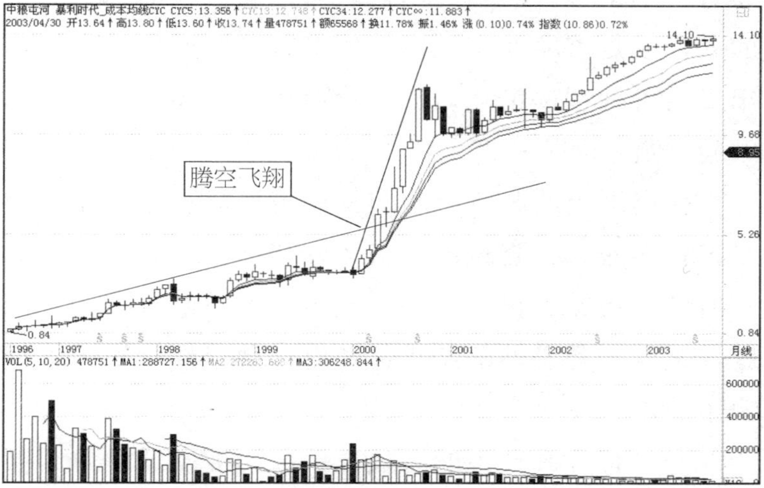

图 8–1

第二节 首席专家顾问

首先，顾问就是要给聘请他的投资者或投资机构提供优良的服务，包括有建设性的建议，对作出决策要有帮助才能得到老板的重用。知道股票的运作内在规律的人并不多，而有机会参与策划的人更少。很多专家顾问组成了强大的智能顾问群，这个群体当中必须有一个统领，而且是他们之间最有经验的、最成功的人，就是首席专家顾问。他综合了顾问群的意见作出最后可行性决策建议提供给老板。成功的首席专家顾问一定是一位打工皇帝。

我们中国的股票市场的发展虽然只有十来年，但是，很多股票投资顾问却换了一代又一代。当年盛名一时的股评家、投资顾问一些被股海浪潮打得无影无踪，被淘汰是必然的结果；还有一些已经赚够了，退出了股市。

一些有过硬技术的看盘高手成为非常成功的首席理财专家顾问。因此有资金的老板看到水平高的操盘手，都会把他笼络为自己的手下，成为日后大资金运作时的干将。投资的顾问对于股票买卖其实起了很大的作用。他们不断地把政策和股票的买卖知识传播给广大股民。作为大资金的运作，首席专家顾问的建议是非常有用的，首席操盘投资经理在运作之前肯定要研究多种方案，以备临场根据行情进行炒作(图 8-2)。

首席投资顾问在投资过程中占的地位越来越重要了，在大资金的运作中，可以看到其辉煌的成就。很多中小投资顾问在实际的投资活动中被淘汰，其实很简单，你的判断有九次正确，一次然败，那么你就会被股民骂。因此，做股票投资顾问是很难的。别人只会记住你错误的那次判断让他套牢，不会感谢你前面九次的准确判断给他带来了多少利润。

今天你是投资顾问，明天呢，也许已经不再是了，市场的竞争是非常激烈的。在大机构的不断兼并中，很快就会形成几个超级巨头，小的就会因为经营成本

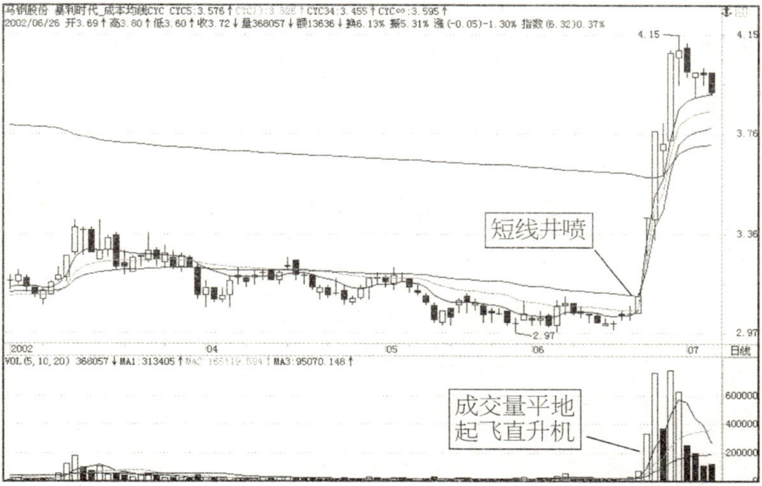

图 8-2

高而被淘汰。股票市场上的股票很多集中在散户投资者手中，但是，集中在机构手中的股票很快就跑赢大势。出色的投资顾问很会把握时机，逮住难得的赚钱机会，迅速使自己的腰包鼓起来。

成功的首席投资顾问好像不是很多，真正有本事的人，自己都已经成为老板。一般的人其实不适合做老板，只适合做副手，如果把自己的位置摆错了，你会一事无成。做生意毕竟不是人人都适合做的。很多人还是要面对现实，做自己适合的力所能及的工作。你在决定之前要好好想清楚，自己应该适合做什么，如何去做。

投资顾问一般只会推荐大家熟悉的大盘股，或者是指标股。如果跌到一定的底部，不排除会有很强的反弹行情，每一段较长的时间都会有。但是，很少连续大涨。稳中求胜是他们惯用的方法。

第三节　首席经济作家

有一些作家非常懂得市场经济，加上配合一些传媒的宣传，把一些书炒作得非常红火，市场上所有的书店都有出售。连大街小巷都有书贩子在叫卖，从而出现了空前的火爆，销售量也出现了很大的增长。他们利用自己的作品赚到了很多桶黄金。

你是怎样看到利润的，它出现在你眼前时，也许你还不经意。黑马就是这样，经济作家，新鲜出炉的作品，都会被传媒大肆炒作，每一部作品都是黑马，都能大热卖，大量赚钱。

经济作家很多，但是，真正靠写书赚钱的不多。其中的原因很多。笔者认识一些所谓的作家，他们的出书速度真快，这里抄点，那里抄点，然后整理整理就变成一本书了，而且，畅销的情况不亚于原创的作品。

如果想让写出来的经济类书非常畅销，一定要很好地策划，没有惊人的广告效应和广泛流传的绝招是不会成功的。我看了《穷爸爸富爸爸》的整个炒作过程，它的成功在于非常成功的市场策划，使该作品很快红遍全中国。掏钱的读者在追求时尚的心理下购买了书，还有更多的好奇作者或者从事策划的朋友为了研究也购买了，如此一来，销量就节节攀升。后来还有《谁动了我的奶酪》，也是非常快速地占领了书店的最抢眼地段，不愁没人要！

在股票再一次爆发大行情的时候，股市的火爆刺激了经济的发展，人们就会主动消费，但是，如果股票暴跌，市民的消费也就不会太随便了。在行情开始火爆的时候，可能是股票书或者经济类的书籍销售的大好机会。

第四节　首席操盘精英

古人有言："仁不带兵，义不掌财。"这就是操盘手的最佳体现。如果你在股票市场上仁慈，就不能做操盘手；如果你在股票市场够义气，也不适合做操盘手。妄想在股票市场上做"善庄"的主力，都会有像（000048）"中科创业"一样的下场。真正的操盘精英做庄的时候都是要"狠"、要"黑"的。决不能在操作上有任何仁慈，在不能泄露消息之前决不露任何口风，情愿捐 200 万人民币给慈善机构也不愿在股票市场上亏一分钱。对于其他机构操控个股出现的崩盘，决不会出手仗义相救，都会划清"界限"，甚至痛打落水狗。高明的操盘精英都会明哲保身，把自己机构利益放在第一位，所以才令他们的成绩更加比同行出色。

笔者认识一位操盘手，他的做法很精明，使他在 1996～1997 年的操盘当中非常成功。他把消息泄露给自己的妈妈，连续赚了很多次；之后，有一次要出货，没有接盘，发现围绕妈妈身边的跟风盘已经非常成熟，就故意泄露要出货的股票给妈妈："听老板策划要把这只股票从 9 元做到 18 元以上。"果然，妈妈把消息放风出去给了很多有钱的麻将友。很快，股价果然出现了拉升，跟风盘蜂拥而至，于是，该操盘手成功地把货以比原计划贵了一元的价格卖掉了，赚了很多钱。老板的丰厚分红，使他赚了很多，立了大功。妈妈因为这只股票也亏了200多万元。他安慰他妈妈说：“老板突然改变计划，听说管理层最近要加强查处力度，只好出货！”谁都认同这样的解释，操盘手除补偿妈妈所有的经济损失外还多给了50万元。哈哈，真真假假的消息放风是够黑，连自己的妈妈也利用上了。在没有跟风盘出现的时候，真正的操盘精英会利用一切手段成功把握每一次进出的时机。真是运筹帷幄。

真正的操盘精英就是股票市场上的“不仁不义”之人。股票只是一种牟取利润的工具。股票本身并不重要，多数股民都是这样认为的。差价多数都是在低价股中产生的，黑马大部分都是从低价垃圾股中重组而成，最主要的重组资金来自股票的炒作。赚取差价是股民赖以生存的梦想。可是，在现实生活中，梦总是要醒过来的。回到现实生活，大部分人投资都是以失败告终，庄家多数都能成为最后的赢家。

因为有了操盘手研究操盘技巧，创新的思维和理念使更多的散户投资者成为套牢一族。也许就是因为金钱的利益争斗，才使股票市场成为智者的天下。很多人不想过平淡的生活，想通过股票买卖迅速富起来，然而，越是想要迅速暴富的投资者就越是快速地变穷。不现实的思考是出错的根源。在股票市场，好像没有一个人能逃过金钱的诱惑。

我们开始思考新的主力运作模式，但是，旧的模式还很有效果，只好继续用着，因为资金的提供者不会轻易改变既有成功的模式，而去应用新的模式来运作的，毕竟不能冒险。但是，很多投资者都好像喜欢经常买卖股票，交易频频，可是一旦套牢就很久动不了，到后来连砍仓的勇气都没有了。操盘的精英是，不会以个人一时的判断作出买卖操作的，都需要仔细地思考和策划。研究判断大盘的运作方向很重要。成功的关键就是资金和策略是否符合大盘的趋势。资金充足是赚钱的关键；一些重要的时刻和重要的价格的控制是主力要给投资者一个强庄的形象，方便日后出货。

保持习惯思维是主力最主要的操盘手法，也是每一次成功出货的重要保证。

高明的基金操盘手的操作基本原则可以告诉大家如何做大赢家：在几千个交易日里，他一共只有17个交易日是输钱的，而其中有9次是因为报价设备出了故障。出色的成绩源于他的小心谨慎，源于低风险的交易风格。

一般来说，大多数交易员有50%的成功概率已属不错，75%的成功率将是惊人的，而马克·魏恩斯坦的成功率几乎近于99%，这简直令人难以置信，但的确又是事实。

也许成功交易赚钱的数字是枯燥的，但也足以说明他是位交易高手，也正因如此，马克•魏恩斯坦得以跻身世界十大基金经理的行列。

马克•魏恩斯坦成就辉煌，出色的成绩源于他的小心谨慎，源于低风险的交易风格。

马克·魏恩斯坦总结了自己在交易中遵循的基本原则：

(1)始终认真细致地做好盘后分析工作。

(2)不要骄傲自大。每当你骄傲时，便会放弃风险控制，最杰出的交易员往往是最谦虚的。

(3)了解你的弱点。每个人均有弱点——即使对于最杰出的交易员而言。

(4)坚持独立分析思考，决不要随波逐流。

(5)在机会来临之前避免交易，知道什么时候远离市场与知道什么时候进入市场同样重要。

(6)制定的买卖策略要有足够的灵活性，以便适应市场的变化，大多数人犯的错误是始终保持同样的策略。他们经常会说："真见鬼，市场的变化怎么总是与我的想法不一样！"

(7)一旦你获得利润不要太在意，世界上最难的事莫过于守住赢利。这是因为一旦你达到第一个目标，你就会制定第二个目标，赚更多的钱，结果对于大多数人而言，终成泡影。

小心谨慎是马克•魏恩斯坦的交易方法，也是他获得99%成功率的原因。他说："因为我对市场的确有一些害怕，我发现最成功的交易员莫不是那些对市场最谨慎的人。我对市场的小心迫使我认真地对待市场，磨刀不误砍柴工，把入市时机掌握得很精确。每当我做交易时，总是像个初学游泳的人去拉住栏杆。假如我感觉到市场状况不对劲，我就不做交易，我进行交易的时机选择是根据我的经验和直觉而定的，因为市场的变化会证实我的知识和经验的有用性。""我在许多交易中亏钱不多，在于我善于等待真正好的时机。大多数人不善于等待时机，他们在天还漆黑的时候便匆匆进入森林，而我却会等待至天亮。虽然猎豹是世界上跑得最快的动物，能够捕捉草原上的任何动物，但是它会等到完全有把握时才会捕捉猎物，它可以躲在树丛中等上一周，就是等那正确的一刻，而且它等待捕捉的并不是任何一只小羚羊，而是一只有病的或跛脚的小羚羊，只有当万无一失的时候，它才会去捕捉。对我来说，这就是真正专业的交易方式的缩影。"

他对刚从事股票交易的新手的建议：

首先你必须学会如何输钱，这比学会如何赢钱更为重要。若你以为你始终是个赢家，那么当你输钱时你就会责怪市场，对市场产生敌意，而不去思索你为什么会输。其次，你应当尽快控制你的亏损。大多数交易员对亏损的仓位持有太久，因为他们希望亏损减小；而对于盈利的仓位，他们会很快平仓出局，入袋为安，因为他们担心盈利将会消失。正相反，对于一位杰出的交易员来说，应当害怕损失的扩大和希望获得更多的赢利。

也许大家已经看到操盘精英交易技巧，猎豹的战术就是中线介入个股的手段。如果大家对于短线更加喜欢，那么可以应用麻雀叼食物一样的战术，它们每次只叼取一点点，然后迅速飞走。就这样它们不停地飞来飞去叼取食物，而每次仅获取一点点。但是，猎豹很难抓到麻雀。如果你用这种手段交易，庄家也很难套住你。只做中间涨势最猛的一段行情。没有抄底的欲望，也不等见顶就已经离场。谨慎小心，如履薄冰，是一切成功人士紧守的铁律。

介绍一个主升段(600657)青鸟天桥(图 8-3)的个股行情，可以看出翻倍确实是要很多等待的过程，不小心就要被市场毁灭。

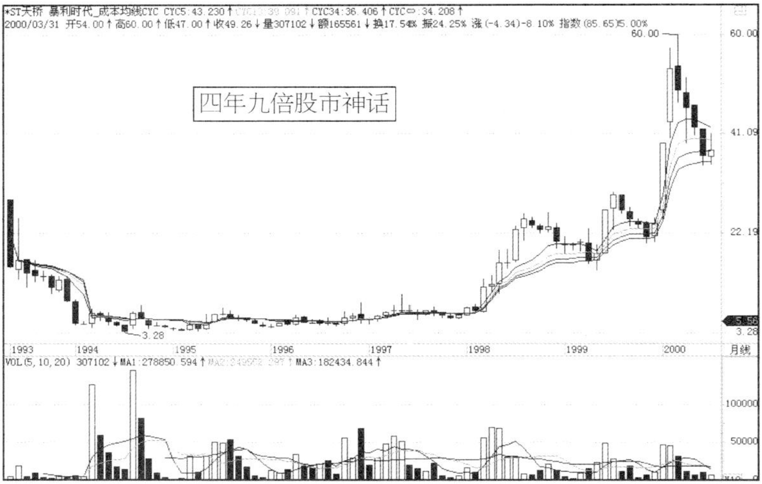

图 8-3

第五节　首席黑马专家

我们在股票的运行过程当中，发现了很多操作的实战技巧，但是，很多人都有自己的技巧，而赚钱的却是少数。大家要知道的东西就是黑马，能够实际赚钱的黑马。首席黑马专家是如何发现黑马并把黑马推荐给有需要的投资者的呢?我们介绍一下目前股票行业的情况。

投资公司很多，投资顾问公司也很多。怎么判断一个投资专家的能力和水平呢?一定要看实际结果如何。因为股票投资的目标只有一种，就是赚钱的就是真专家，亏钱的专家就不是真正的专家。黑马专家就是要发现并推荐黑马的专家，没有机会就不会产生很好的黑马专家。

很多人都知道，“中国需要大牛市”。如果没有牛市就很难有什么黑马专家。有什么方法可以让读者更加了解黑马专家的技巧呢?下面让大家看看一些已经成功的百万富翁的成功经验，也许你们也会从中得到不同的东西，希望你也有所收益。

成为百万富翁的八条真理：

美国人查理斯•卡尔森在调查了美国170位百万富翁的发家史后写了一本名叫《成为百万富翁的八条真理》的书。卡尔森所总结的，成为百万富翁的八个行动步骤是：

第一步，现在就开始投资。他在书中说，在美国，六成以上的人连百万富翁的第一步都还未迈出。每个人在迈出第一步时都有一堆理由，但其实这些理由都只是自己在找无关紧要的借口。有人也许会说：“没时间投资。”卡尔森说：“那你为什么不减少看电视的时间，把精力花在学习投资理财上?”

第二步，制定目标。这个目标不仅包括准备好小孩子的学费、买新房子或50岁以前舒服地退休等，不论何种目标，一定要订个计划，并且为了这个计划全心全意地去努力。

第三步，把钱花在买股票或基金上。“买股票能致富，买政府公债只能保住财富。”百万富翁的共同经验是：别相信那些黄金、珍奇收藏品等玩意儿，把心放在股票上，这是建立财富的开始。

第四步，先求一垒安打，别眼高手低。棒球选手如果只想打全垒打，其结果是被三振的几率会高于只想击出安打的球员。股市投资的道理亦与此相同。百万富翁并不是因为投资高风险的股票而致富的，他们大多数是低风险地敛财。

第五步，每月固定投资，使投资成为自己的习惯。不论投资金额多少，只要做到每月固定投资，就足以使你超越美国 2/3 以上的人。

第六步，坚持就是胜利。调查显示，3/4 的百万富翁买一种股票至少持有 5 年以上，将近四成的百万富翁买一种股票至少持有 8 年以上。

第七步，把国税局当投资伙伴，善用之。厌恶国税局并不是建设性的思维，而应该把国税局当成自己的投资伙伴，注意新税务规定，善于利用免税的投资理财工具，使国税局成为你致富的助手。

第八步，限制财务风险。百万富翁大多过着很乏味的生活，他们不爱换工作、只结一次婚、不生一堆孩子、通常不搬家、生活没有太多意外或新鲜，稳定性是他们的共同特色。

计划生育就是第八条真理在中国的应用。成功无须解释，失败不容推卸，人的一生要经历的事情是很多的，也许你不适合做这行，也许你在另外一行很成功。这都要你自己把握和了解自己，发挥自己的特长才能创造出属于自己的百万财富。

第九章　一本万利

做股票就是要做一本万利的事，无利可图时就是离场观望的时候，没有商量的余地。行情就是在希望中毁灭，如果你还是以自己的想法来臆断所持股票还要反弹，那你就很难逃过暴跌的厄运。市场每次都会在你意想不到的时候暴跌。想真正做到一本万利就要特别注意风险。风险每时每刻都会成为股民投资者保证金的威胁。

第一节　经济时代知识的力量

到了经济时代，知识就是力量。我们现在看到经济的发展趋势就是通过高新技术提高效益，产业已经分得很细，市场开始向另一种方向发展。新的时代新的世纪，新的领域越来越体现出知识的力量。经济时代，知识是一种捕捉黑马的力量。其实，在不同的时代，不管什么行情，只要庄家自己在判断了大盘之后根据资金的情境发出行情时就会产生黑马(如图 9-1)。

人们都呼唤经济时代的改进，知识的力量在推动着经济的快速发展，很多有知识的人开始先富有起来，还有一些主要从事 IT 行业的朋友，很快就富有起来了，但是，也很快就不行了。生意失败，经验不足是最主要的原因。软件业和其他科技研究所的高新产业一样都是通过技术革新来获得未来的利益。创新的能力就是企业生存之道。

在经济浪潮当中，作为投资者的你抱有什么样的憧憬呢？是否还是没有头绪？也许，知识可以告诉你什么行业可以更加快速发展。假如你加入朝阳行业，你的前途将会锦上添花。如果不认清道路，你的日子

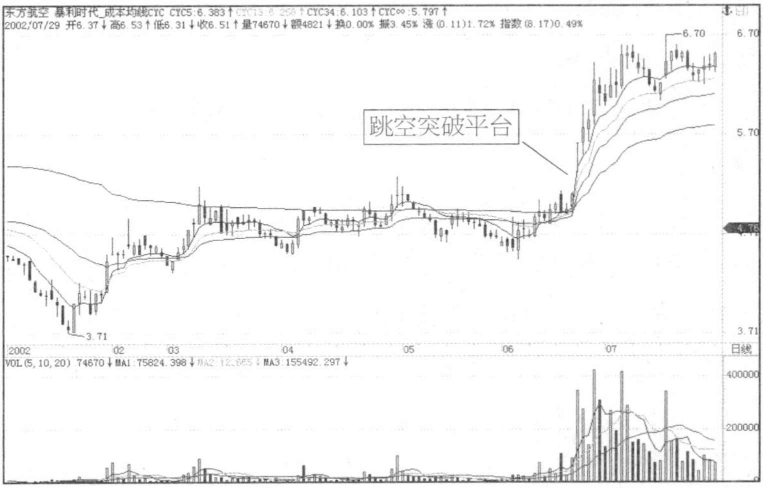

图 9-1

将过得更加艰苦。

生活在闹市里的朋友，也许会知道，平凡的人都是过着平凡的日子。如果你想突出，要有巨大的成就，那你就必须用知识来武装你自己，提高自身素质，把自己的人生提高到另一个层次。

下面我们介绍一下股票方面的知识力量，就是如何面对机会，特别是重大机会的应战能力。

第二节　钱生钱滚动法则

在中国股票市场拼搏的投资者，大部分都是资金有限的中小投资者。因此，只有利用智慧，安排好自有资金的运作时机，才是赚钱的主要方式。钱生钱滚动法，就是要最有效率地运用自己的资金。如果是阶段投资理论的追随者，就一定能更好地把握好自己的资本。

在一种机会到来时，你一定要在场看着行情，在熊市当中连续暴跌后又出现连续阴跌不止时，你要开始注意市场了，有时会出现一种报复性反弹，刚开始，很多人不认同，到后来就出现了很多涨停的个股，当出现三只以上的股票涨停板时，可能短线行情就有机会了，你可以马上把握最近比较抗跌的股票或者出现逆市上涨的股票，还有跟涨停板股票联动的股票。短线可以当天重点买进涨停板联动的股票，赚取 5%～8%的利润是很有机会的。特别是普遍上涨的机会一定不能错过。一次成功的投资就能把你几年的利息赚回来(参见图 9-2)。你能不说股票的机会很多吗?股票保证金的资金账户上一直有资金空着，等待一年当中最少有 20 次普遍上涨的机会，每次赚 5%，你就翻倍了。难道你还要做其他生意吗?

把握这种“钱生钱滚动法”，是从根本上改变你的投资方法和理财思路，是一定可以从容地赚到钱的。而且自己的资金是很有限的，但是，如果运用得好，能将自有资金进行滚动炒作，成功踏准市场热点的节拍就能迅速地让自己的保证金快速膨胀。如果你喜欢

图 9–2

短线热点追踪并充分利用涨停股联想的策略，你的操盘技术会有一个飞跃。我们长期在证券市场上滚打，其实，看到有机会的时候要具体行动起来。但是，大部分投资者在机会来的时候却没有资金买进，只有套牢的股票，只能被动地等待套牢的股票反弹。

其实，一年一般都有20次以上单个交易日涨幅超过100点的行情。逮住这样的机会并不困难，很多投资者都能看到，只是跌怕了，不敢买进，或者要买已经没有钱了。在大盘涨幅达到100点以上的短线机会行情，其实是比较容易赚钱的。最难就是保证金账户上有钱，一直能不动，耐心等到这种行情来时才动手，这样的职业操盘手不多，很多人会说一年做一两次就能赚大钱了，真正能有如此耐力的人却不多。所以，赚钱的人永远都是少数人。

复加滚动操作，你刚开始赚钱不多，只是赚了5%左右。但是，下一次你就用更多的钱进行投资，赚到更多，如此循环几次，就不得了了，暴利就会出现在你眼前。等比例递增是非常快速的，结果让你惊讶。

最后还是要投资者自己把握好自己的心态，不能为一时的冲动随便买卖股票。因为经常买卖股票的个人投资者是非常被动的。这样赚钱的人不多，成功率也不高。如果一年只做单日涨幅达到100点以上的行情，那赚钱的机会就在你眼前。我们在看盘的过程当中很容易发现热点，但是，不一定每一个人都能把握住获利的机会的。要知道，捉黑马一开始就是要有短期的赚钱效益，而且可能翻倍的机会很多。投资者如何捕捉住自己的机会呢，一定要抓住黑马的主要特点，如果你看明白，知道其中的道理还有股票发动的特征，你将会获得意想不到的收益。不管什么股票，是大盘股也好，是小盘股也好，或者是强势股、弱势股，都有表现很好的时候，而你把握住这个时候，就是你发财的时候了。

第三节 只做一本万利的生意

我们做股票买卖的商人，只能做一本万利的生意。如何才能做到呢，首先要亲自考察证实自己的理念是正确的，然后让认识的人都认同你的想法是正确的，他们就会变成你的跟风盘，推动股价的上扬。自己做股票的个人投资者主要就是要短线有赚就走，不能贪心，因为只有主力才知道今天的最高点和最低点。不要自以为学习了股价的一般技术分析就肯定赚钱了。只有理解股票运行轨道和洞察股价的先机才可以第一时间知道股价的波动韵律。

如何才能一本万利呢？首先要知道自己是否已经清楚资金安全的重要性，如果不会出货，就等于不可能一直赚钱。下面介绍一下我的逃顶绝招，希望不会有朋友在股海中大幅套牢，学会保护自己的资金。在上涨的过程当中，特别是在基本趋势为上升通道中，顶部在何方是没有意义的！我们要掌握的是在顶部或在相对高位出局就是逃顶高手了。

对顶部形成有影响的因素：

(1)市场整体运行趋势及其关联效应。

(2)市场板块的联动效应。

(3)市场主力的主观作用。

(4)上市公司的自身发展状况。

经典见顶信号：操作策略以出货为主。

(1)巨额换手率。

(2)加速上扬阶段。

(3)利好兑现，题材明了。

(4)热点退潮。

(5)泡沫破裂。

想一本万利赚钱，就要把注意力紧紧地盯住一些很有翻倍能力的庄股，特别是已经控盘的庄股。如果你能看到(000606)青海明胶(图 9-3)的庄家是如何运作的，你就会知道如何把自己的资金运作到相同的股票当中。

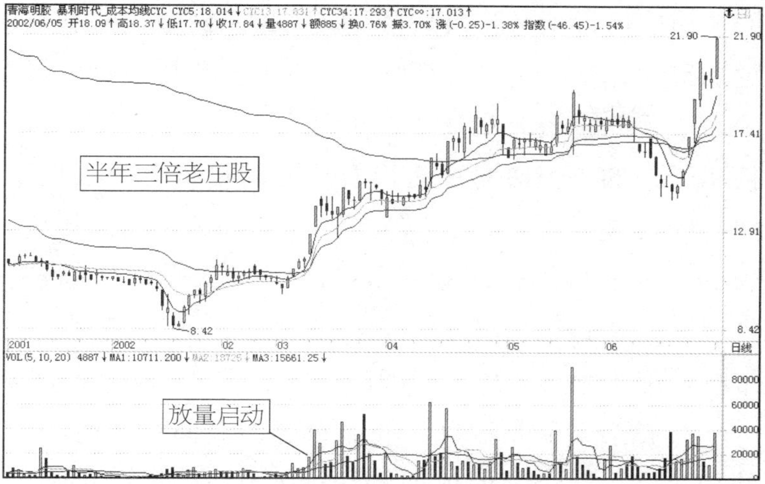

图 9-3

第四节　有本事，不会穷

如果你相信自己有本事，那么你不用担心自己会穷。自信是投资者最主要的成功因素。没有什么都不重要，但是不能没有自信，否则就不可能成功。自信源自实力，你对自己的本事很放心，自己一定能成功，如果经过很多次证明你是有本事的，那么你就不会穷，因为股票投资就是要看个人的真本事其中也包含一些运气。对黑马的捕捉是锻炼人的反应灵敏度的一个最好的测试。没有经历不断实验的成功，是不会有很强的自信的。特别是股票交易，直接关系到金钱的利益，更加增加了难度。我们都坚信：“天生我材必有用”。

一般的投资者最缺少的就是自信。一直以来的亏损所带来的恐惧感是所有没有信心的投资者的心理障碍。因为被蛇咬过，所以，连草绳也害怕。心理经常受到亏损的煎熬，所承受的就是一买就套住的痛苦。炒股票，赚钱固然开心，如果赔钱，人的心情就会被干扰，很难静下来思考问题的所在。

炒股票不能靠运气，要靠自己的判断和平时经验的积累。主要判断的依据就是日久形成的对股价波动的敏锐的感觉。如果没有感觉就不要强求作出买卖决定。如果你的状态不佳，亏损的速度可能更快。

在股票行业，有本事不会穷。如果你对股价的预测能力很强，那么很少的钱，也能让你达到致富的目的。如果你不懂或者看不清行情，那么你最好不要炒。毕竟，股票投资是有钱人的游戏。黑马流动的轨迹就是我们发财的捷径。如果你有专长，不一定在证券行业发展，做别的生意也可以赚到你的第一桶金。大部分人忙忙碌碌一生，也不一定能够赚到很多钱财。只有机会来临的时候，你才可以有机会发财。

我们在投资的过程当中，发现很多股票高手都在牛市发财了，在熊市就做做别的生意，然后赚到钱后又来到证券部看看行情。要知道股价的诱惑很难使投资者可以不为金钱动心的。不管什么时代，也不管什么国度，只要有利益，人就会向那个方向靠拢。

如果你把握住市场的热点，你就不会穷(参见图9-4)。从把握每一段行情的热点当中学习自己面对机会的把握能力，那么，你就可以赚到你想要的金钱。

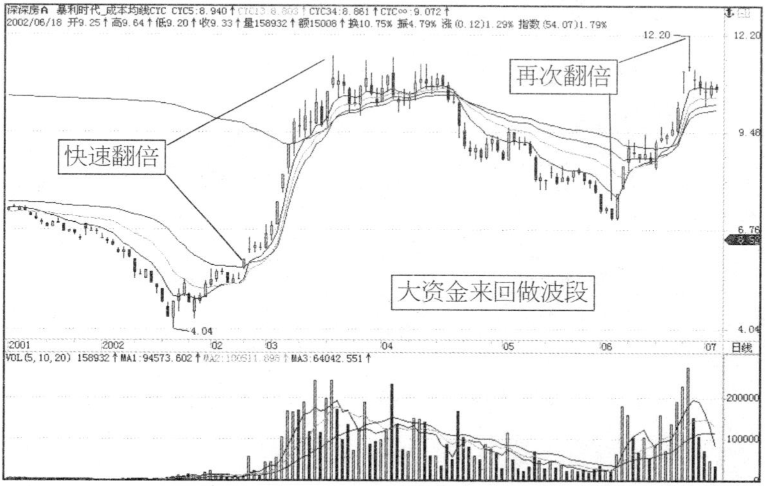

图 9-4

第五节 猎鹰行动精华篇

金鹰股份(图 9-5)还有山鹰纸业是笔者看到的两只飞起来的鹰。它们都是在大盘不好的情况下出现了腾飞的走势。也许是因为前面成功发掘金鹰股份的原

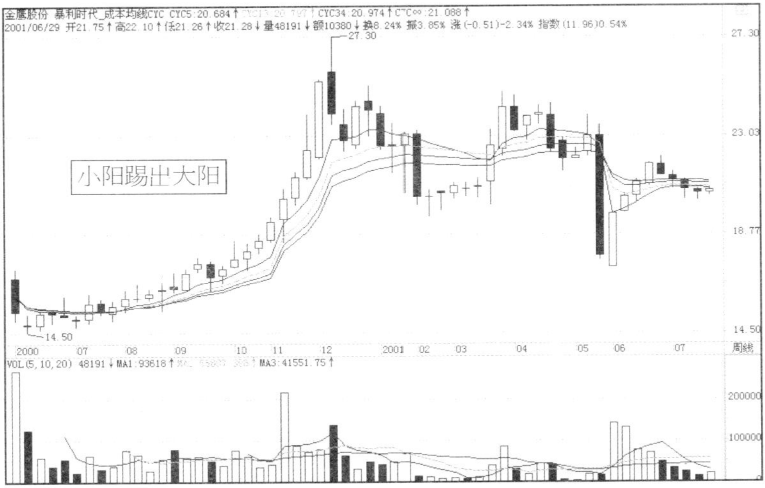

图 9-5

因，对有鹰字的股票特别感兴趣。好感是每一个投资者都会对自己成功获利的股票所产生的。

知道股票的运动规律其实不是很困难，但是，有些东西司能会因为不同的时期和背景而有所不同。如果在一些股票上出现了一些相同的迹象，那么我们有理由相信不同的股票也有可能将会出现相同或类似的特征。金鹰股份是一只上市后非常突出的黑马股，它具有别人不可预测的强劲上涨能力。

其他还有(600567)山鹰纸业，还有(600830)大红鹰(图 9-6)。

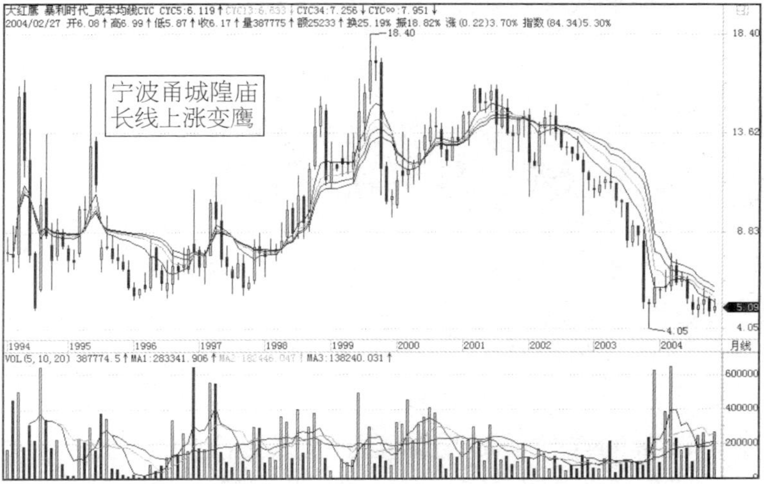
大红鹰 暴利时代_成本均线CYC CYC5:6.119↑CYC13:6.633↓CYC34:7.256↓CYC∞:7.951↓
2004/02/27 开6.08↑高6.99↑低5.87↑收6.17↑量387775↑额25233↑换25.19% 振18.82% 涨(0.22)3.70% 指数(84.34)5.30%
宁波甬城隍庙
长线上涨变鹰
18.40
13.62
8.83
5.09
4.05
1994
1995
1996
1997
1998
1999
2000
2001
2002
2003
2004
月线
VOL(5,10,20) 387774.5↑MA1:283341.906↑MA2:182446.047↑MA3:138240.031↑
600000
400000
200000

图 9-6

第十章 机不可失

机会总是在你的身边，问题是你有没有抓住。当机会出现时，一定要把握好，错过了就有后患了。特别是股票的操作，如果你买了一只上涨的黑马股，大盘却下跌了，你就回避了风险还赚了钱。如果你要买一只股票刚好犹豫了一下，错过了买入的价格，结果该股越涨越猛，钱在，手就痒，买了另外一只股票，但是，新买的却是假黑马，一路下跌。这样，就会赚不到钱而且还要亏得更惨!意识对机会的把握非常重要。错误地对待机会，会把机会转化为后患。当机会到来时就要机不可失，马上逮住不放。

第一节 新股暴利法

为什么许多新股刚刚上市就行情火爆，利润丰厚呢?新股上市的时候成交活跃，便于大资金进出，特别是上市当日成交量巨大，便于主力快速搜集筹码。一般的股票上涨都会有阻力，层层的套牢盘要解套出局，给主力拉升带来了不便。新股上档没有套牢盘加上没有明确的定位，主力拉高更加容易。新股没有技术图形和技术指标作为参考，给市场带来很大的随意性，主力想怎么炒，炒多高都由主力决定。如果我们能够找到一个诀窍，往往能够在很短的时间内获取超常规的大利润。笔者经过深入研究，发现能够让我们获得较大收益的、可以大胆介入的新股具有以下特点(参见图 10-1)：

(1)行业独特，具有成长性，或者是有主力包装过要做高的。如(000150)麦科特，该股票刚上市，开盘价仅仅 16 元左右，自然得到了主力的关注，到了

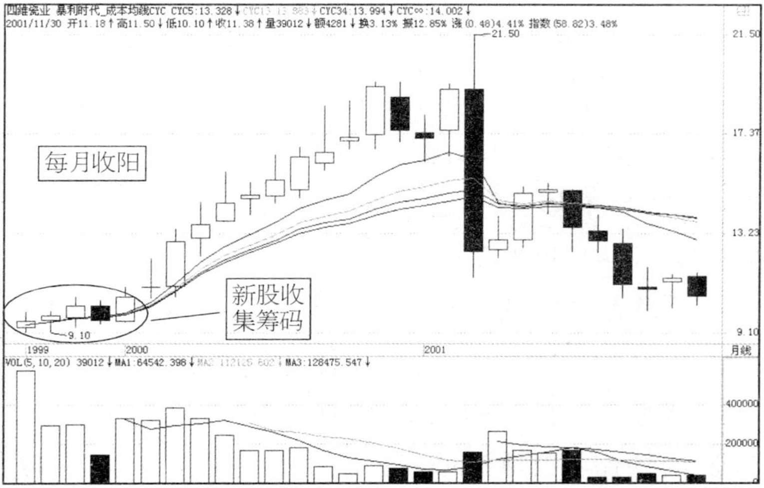

图 10-1

2000年8月25日短短两周时间，股价已经到了26元以上了。

(2)流通盘较小，4000万～6000万股的流通盘容易得到炒作。如(600291)西水股份，该股流通盘4000万，开盘价格12.8元，也是在两周炒到17元左右。

(3)公积金丰厚，有滚存利润，股本有扩展能力的新股也是很好的短线品种。如诚志股份、圣雪绒等。

(4)上市前几天没有新股上市，市场资金需要热点短炒。如2000年8月25日的(600265)景谷林业，该股开盘18.8元，收盘23.08元。

具备以上四个特点外，还要有以下几点盘面特征：

(1)开盘价格合理，具有较大的成交量。

(2)5分钟换手率大于10%，并且收阳线。

(3)10分钟换手率大于20%，并且收阳线。

(4)上市当日换手率在55%～75%之间，并且收中阳线，则可以买进(最好当日换手率72%)。

(5)上市数日后股价出现缩量回调，并且不再创新低，就可以大胆买进。

这些都是实战电脑自动跟踪操盘所总结出来的经验，可以给投资者作为很好的炒作新股时的参考。如果你根据自己操作的经验再加以改良使用，相信你对新股的炒作就会颇有心得。赚钱不用靠别人了，自己就是个新股高手。

新股就是要炒新，股票是新的更具有市场竞争力，很多投资者在某一段时间里可能都还没有意识到新股可以发财。

如果等到很多投资者都认为新股能够赚钱的时候，那么，你就不容易在新股上赚钱了。

新股票的上市，给了散户投资者很大的机会，也给了大资金短线大量进出的赚钱机会。如果有大资金坚持操作新股，那么，发财的速度将是炒作老股票的几倍。坚持分析新股，还有次新股是每一个有窍门的赚钱高手的特性。对于市场的热点，还有板块的联动，要十分敏感。因为做短线的人就是要具备这些特质。

第二节 砸死庄家

有一位银行的朋友给了笔者 200 万元操盘，于是开始不在家里操作，去了证券部准时上班看盘，在大户室里只有一个人的大房里一台电脑看上海综合指数，一台电脑看深圳成分指数，还有一台看个股。一次很好的操作机会来了，大盘走势还可以，次新股开始启动。笔者就把握了一只比较符合自己的操盘观点的个股机会，还在相对的高位，把货砸出去。结果，主力被砸了下来。但是，该股主力还是有资金，在低位股价大跌了 3 元多后出现了反攻。

在一些事例当中，只要你一直看着盘面，就能感觉到股票的股价是否要调整。只要你还在股票市场，就一定能记住这些个股的K线图。你脑袋里常常藏有几百幅主力做盘的图形，那你分析股票时就可以随心所欲，分析透彻。笔者认为股票走势是很有规律的，资本运作是最高层次的经济方式，直接利用钱在赚钱，智谋就是最好的获利工具。你也许炒股很多年，但是，如果你不能捕捉最佳的获利机会，那么你还要多加研究。市场的循环无穷无尽，只要你处于一个大的股票上升波浪当中，你不需要为了其他东西而烦恼，因为，只要你有能力看到股价的机会，钱就是你不缺的东西。

在开放改革以前，大家都很穷，没有特别富裕的机会。到了现代，机会很多，把握一次，你就可以终生无柴米之忧，还可以住好房子，享受高级的物质生活。我们炒股票，有人是为了赚钱，也有人为了享受那种预测股价波动的感觉，各有不同，因而在股票市场上表现出来的操作风格也就不同。我们只要知道主力或着主流资金在干什么，那我们的操作就主动多了。先不要怨庄家多狠多凶，要先想象一下为什么他们会有几个亿或者几十个亿的资金，甚至更强大。你没有这么多资金，除了一些外部因素，还有一些是因为这些人比别人醒目，勤快，比别人努力很多。你看看那些身家过亿的富翁，哪个不是工作狂，每天奉献给工作 10 多小时还嫌时间不够。看看你自己，加班一小时都怨声载道。只有非常热爱自己的工作的人才会有所成就，当然，人只有对自己喜欢的感兴趣的东西才会去钻研。当你发现原来这些很简单的时候，你会惊奇地发现金钱还没有成就感那么让人兴奋。股海中人都会炫耀自己哪次成功发现一匹大黑马，对失误的总结检讨教训深刻，以致成功的经历。我们都会喜欢在大户室敲敲键盘赚大钱的工作。这就是操盘手。

下面介绍一下笔者自己的一次出货的经历。在 2000 年 11 月 23 日买进了(000980)金马股份（图 10-2)，这只股票的流通盘只有 4500 万股，当时是一只小盘次新股，买进之后第二天主力开始以大跌来震仓，振荡之后股价就开始一路上扬，股价开始在 2001 年的 1 月 5 日 15.90 元的价格走不动了，连续几天，2001 年 1 月 8 日最高价格也是 15.90 元，1 月 9 日最高价格是 15.85 元，1 月 10 日最高价格是 15.80 元。因此，我分析该股主力是很难短期突破 15.80 元到 15.90 元之间的价格，16 元整数关很难冲过，我就在 2001 年的 1 月 11 日早上把市值 200 万的货全部砸给庄家。股价开始下跌，不到一个星期，股价已经跌到 12.50 元了。当天上午主力推高在 15.80 元的时候，股价的分时图已经出现陡峭的直线上涨，当看到接盘，买二当中 15.90 元有 1000 多手的大单出现时，股价这

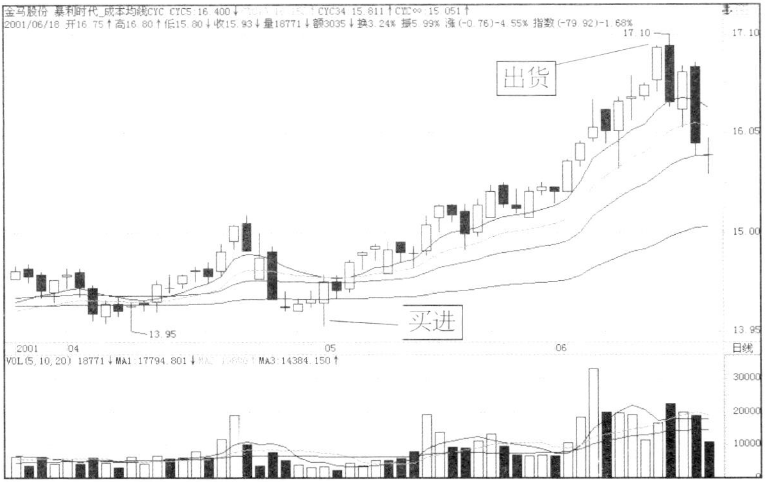

图 10-2

时已经达到 16 元。笔者毫不犹豫马上全仓货一棒砸下去。由于股价上涨很急，笔者一棒打了下去的全部股票当即成交了。之后股价当天都没有再上过 16 元了，一路跌了两个星期才站稳。

那种出货的感觉很爽，就像是把庄家砸死了一样。那天的分时图上还有一条长长的成交量竖在当中，很壮观，至今仍然好像在眼前发生的事。如果你认为主力要出货，那你就要比他还要砸得厉害，你只能尽快出货，没有别的办法。特别是当你判断大盘要暴跌时，砸死庄家是最明智的出货方法。出货讲求的是快、狠，毫不犹豫，果断行动。

第三节 运动着的价

牛顿的运动定律明确指出：物质是运动的。我们要充分认识到事物是变化的，运动就是会有变化的。股票的价格在不同的时间和不同的大盘走势会有不同的表现。因此，我们判断股价波动的时候必须客观动态地去看待某一阶段的股价。波动就是股价的规律。我们有理由相信只要大盘在变动，股民的心理在变动，那么股价也就在运动着。关键就是在于掌握股价运动的方向，是向上还是向下或者暂时是横盘。通过多种方法判断大盘还有股价的运动方向后，操作就变得简单多了。向上就买进持有，向下就卖出空仓，横盘就持币或持股观望，一看就明白，一想就知道。事情本身就是很简单的，只是被不懂的人复杂化了。话又说回来，影响股价变动的因素是多方面的，主要就是股票、资金、消息，还有投资者。这些因素都会围绕人的心理在起作用。一个真正的心理学专家一定能够成为股票预测高手。

黑马在奔腾，股价在波动(参见图 10-3)。沉着稳定应付股价的波动，不管涨跌心中有数，就不会被眼前庄家的假象所迷惑，找到股价的实际运动方向。世界上的股票市场都有相同的规律。就是自然的波动都

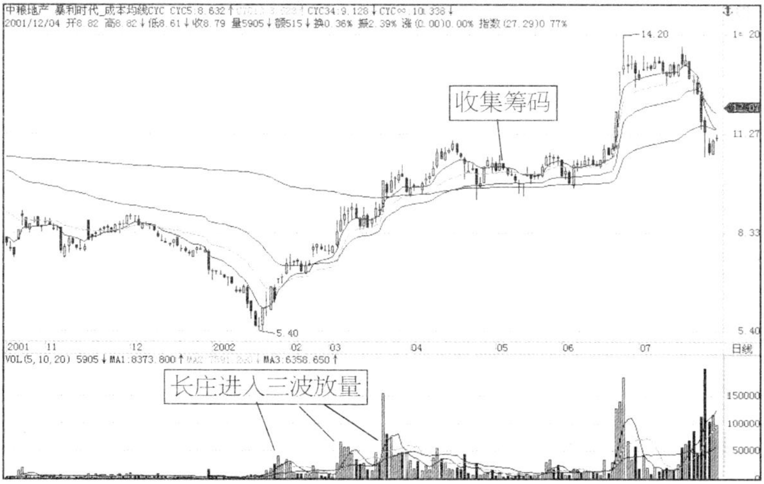

图 10-3

是沿着它固有的方向在运动。

在这里，要强调的是股价是运动着的，要用动态的分析来预测股票价格的变动。很多投资者都只会打听庄家的消息，然而，股票市场本身就是互相争斗的残酷战场，不会有太好的传到你耳边还不跌的股票的消息。只有通过自己的刻苦钻研才能发现规律，才是最值得信任的判断依据。如果不是自己研究的，可靠性为零。很多的投资人士都认为自己的分析是最准的，但是，一旦经过市场的验证，各种专家顾问的水平都会有不同程度的下降。很多说能赚 30% 以上的其实才只有百分之几或者甚至是亏损。于是，整个行业的诚信度就出现了危机。一些从业人员都成为了“黑嘴”、

“庄托”。股民朋友想真正得到有价值的分析和建议是很难的，有时是受限于水平，有时则可能是涉及职业道德问题。投资者的声音是最能反映市场的实际情况的。“股价是运动着的。”你也许会更加容易理解这句话。不是别人说了算，股市本身就有自己的特点，就是股价是永远运动着的。

第四节　渴望涨停，占尽先机

占尽上风，当然要关注涨停股了。涨停板的股票是最厉害、最强势的股票。强势股票是我们的主要研究对象，经过长期跟踪研究强势股，发现一个很重要的特点，其特点就是：K线图形比较长，阳线实体比较大，振荡幅度比较宽。针对这个特点，我们要更好地做到实实在在地抓住黑马强势股，利用战术思想“短平快”的理论。我们要做到“狠”、“猛”、“准”、“快”。操作上尽可能做到干脆利落，快进快出，决不拖拉。一般强势股加速上涨阶段是赚钱最主要的阶段，都是快速拉离主力庄家成本区，放出对冲大幅拉高的巨量，或是闪电封住涨停板缩量。这种操盘手法最常见，对于突然放量拉升的股票，一般投资者还没有心理准备，股价就已长上来了。我们所说的“狠”就是要像狼一样无情，像庄家一样毒辣、铁石心肠。“猛”

就是要有魄力、有胆识、有气势，能够做到重仓杀进的猛。“准”就是判断要经过大脑思考，不是一时的冲动。因为是全仓杀进，更需要判断的正确，准就很重要了。“快”就是作出判断之后的行动速度要快，决不犹豫，慢半秒都可能价格又高了，买不进而错失良机。没有做到“狠”、“猛”、“准”、“快”这个四字诀的投资者经常会出现这样的现象：明明看准了黑马，却无法赚到它的钱！

如何才能看到黑马又能把握住先机，买进并赚到钱呢？我们就要对“涨停板”的超级强势股进行系统的分析。哪些“涨停板”的股票可以买，哪些“涨停板”的股票是不宜买的呢？下面我们具体分析一下几类涨停的股票。

当股票价格达到“涨停板”位置时，以下情况可以考虑大胆积极买进追“涨停板”。

(1) 对于那些投资者自己长期跟踪关注的“好”股票，当其出现“封涨停板”的情况时，可以即时跟进买入。这种“好”股票行业很特别，或者市场题材特别丰富，还有很多潜力可以发掘的；该种股票属于热门板块的活跃股；从 K 线图走势或分时走势当中发现有大资金特别关照的股票。这种股票出现“涨停板”，说明该股票的行情即将启动，后市有较大的上升空间可想象，聪明的投资者就可以买入。

(2) 如果某只股票在非常短时间内快速步入强势，股价出现连续以阳线报收，同时，成交量迅速放大。当其股价涨幅与启动价计算达到25%的涨幅，还出现“涨停板”。那么此种股票可以谨慎跟进。股价已经达到25%说明主力做多的决心很大，后市将有很大幅度的上升空间。

(3) 在某种股票受到市场朦胧消息的影响，股价强劲上涨后出现“见光死”的调整，经过调整结束后的第一个“涨停板”时可以大胆及时介入。这种方法在实际运用当中胜算几率最大。

以下情况类同的股票，如果出现“涨停板”是不能轻易介入的，风险特别高，不宜追高买进。

(1) 当某只股票明确破位出现主力资金链断裂的时候，连续大幅下挫，这种超跌反弹出现的“涨停板”是不能追进的，风险太大。主力都出逃或者出事了，坚决不买。

(2) 当一些股票在利好消息公告之前就已经被大幅炒作，提前“透支”了该股票的利好，当消息明朗，正式公告出来时出现的涨停，这种情况出现的涨停板就不能追，风险特别大。往往消息正式公告的时候就是股价要出现逆转的时候！

(3) 如果某只股票上冲涨停板的时候，成交量大幅放大，特别是在封住涨停板之后还在涨停价大幅换手，这种“涨停板”由于量能释放太大，第二天成交量很难跟上，这种涨停板也不能买进。

以上讲述了关于“涨停板”的股票不同的情况，大家可以对比分析。追逐涨停超级强势股，进行阶段操作，是短线操盘的搏击的重要战术。“追涨停板”操作所蕴含的风险人人皆知，而操作得好确实是很好的机会，收益是非常可观的。“强者恒强”的市场规律越来越明显，体现了那句名言：“最危险的地方恰恰就是最安全的。”再次希望投资者在实际应用当中借鉴以上操作原则的同时，应采取灵活的手法，以轻松、自信的心态迎接市场的新挑战，真正做到渴望涨停，占尽先机！

特别是ST股票最容易出现涨停板，而在实际的操作中赚到钱才是实在的。例如(000017)ST中华（图10-4），这是短线的实战例子之一。很多股票都是在暴跌之后产生了2.3元附近的价差。于是，一批主力机构看中的就是其价格低，疯狂买入所有低价股票。特别是跌到4元以下的股票，随后就被全部拉到翻倍附近才全部获利出局，而那些有题材有潜力重组的股票可能继续往上做高股价。

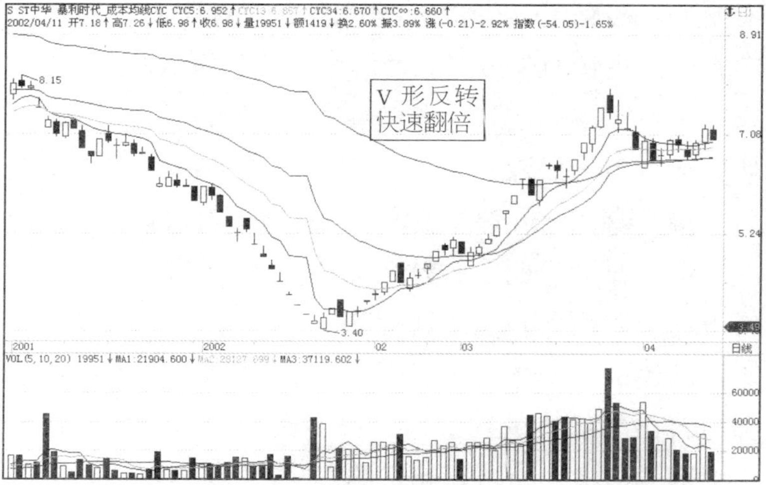

图 10–4

第五节　机不可失

也许你炒股多年，也许你忙忙碌碌，机会在你身边时，而你却视而不见。也许，你需要一次机遇，你就可以成功。也许你需要一次幸运，你就飞黄腾达。命运总是在嬉笑怒骂中飘然而过。是时间在飞逝，还是你在停顿不前呢？机会来了就不能放过，放过了也许你就不能达到一种全新的境界。现在就是机会，现在就是机不可失。

把握现在就等于把握未来。很多的发财机会就在你眼前，知识就是改变你一生的工具。提高我们的思维能力，股票是智者的天下。从容面对巨变，安然度过熊市。在新的牛市开始的时候，我们再次腾飞。

在股票市场滚打，不能没有自己的防身术，因为处处都是主力庄家布下的天罗地网，生怕你不受骗上当；每时每刻都在盯着你的钱包，虎视眈眈。如果你不注意自己的思路，你就很难有所突破。因为，在股票市场上胜利的投资者都是高手，对于机会的捕捉是非常敏锐的。对于在面前的机会，他们会毫不犹豫地利用自己的优势进行炒作，很多庄家就是把握住几次历史性的大机会而暴富起来的。

对于管理层政策的出台，好像股票的控盘者早就知道一样，总是在大行情大机会到来之前就悄然吃饱了仓底货，并超前于行情启动的一两周，在高位横盘等利好消息正式出台，到了公告之日还是很强劲地涨停板，让人感觉到有非常强大的主力机构介入的迹象，然后就是拉高出货。出货的数量是很多的，放量成功出完后，行情还没有结束。高手原来就是先知者。如果你是老股民，那么，有些历史性机会到来了，你是不可以错过的。所谓机不可失也，发财致富的机遇，不是每一个人都能经历的。股票市场往往在新成立的国家是最有波动的。

“5.19”的井喷行情，还有国有股减持停止的“6.23”井喷行情，都是全部股票普遍涨停的巨大行情。如果你没有赚到，就是失去了两次历史大行情的发财机会。股票总是在最低迷的时候爆发出最令人意想不到的大行情，之前的下跌恐怖气氛笼罩着每一个受伤的股民的心，需要很长的时间，才可以建立起失去的那份诚信。不同上市公司造假和很多庄家的非法操控，一次次地被揭露，暴露了很多股票十几年以来所存在的问题。要出现的危机始终是要出现的。只要你学会了把握时机，在暴跌之前出局观望，在大涨之前，抢先介入，这就是常常胜利的投资者经常习惯做的事。

股票市场是不管你职位高低的，只看资金实力的交锋，最后胜利的就是跟强者站在同一方向的朋友。对于市场的波动是很难准确地判断出它的具体方向的。那么，我们就要借助于一些每一次都能先知先觉的股票的主力动向。例如：(000029)深深房，还有(000058)深赛格，它们跟一些深圳本地股都有很强大的联动涨停的效应。这种联动是你在操盘过程中不可缺少的赚钱机会，机不可失。还有当“6.23”国有股减持停止行情到来之前，一直不是很显眼的(000562)宏源证券(图 10-5)，却悄悄地大幅上涨了，从 6.82 元涨到了 10.35 元，却在大盘下跌时还坚定地在高价横盘，等待消息的出台。其实，当“中科创业”事件被审结案的那一天，行情就已经开始了。这次契机就

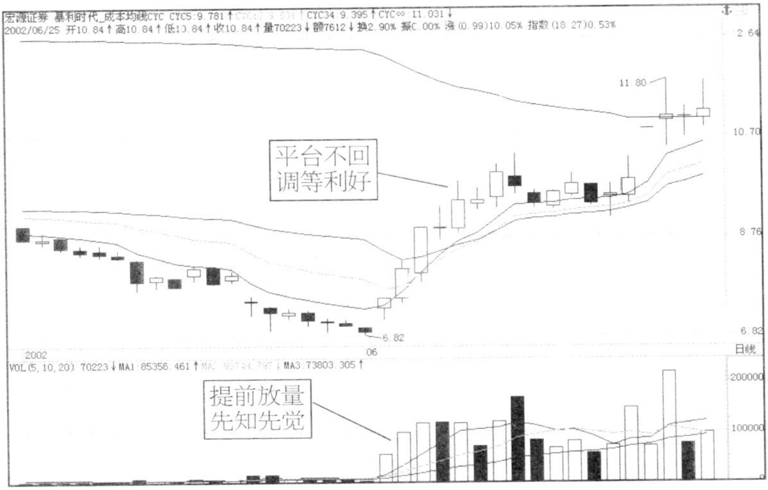

图 10–5

是股票操纵案中的主要策划人吕梁没有被捕，案件就已经告一段落了。压抑很久的庄家开始松一口气了。于是，在政府大利好消息出台的时候，谁都不会让步于进涨停的价位。

特别是中国的股市，好像一直都是大幅波动的市场。股价异常波动已经是我们股市中的一大特色。我们认为这是投资者“机不可失”的时候，这个时期过去了，就很难有一般的个人投资者短期发财的传说了。好好利用你超前的“眼睛”盯住每次都能成功逃顶和提前出局的股票的表现，你也许同样很快就做到了你想做的事，事不宜迟，机不可失。

第十一章 财源滚滚

大家都喜欢自己的保证金像雪球一样越滚越大。本章介绍特别的方法给大家参考。行情不一定要很大，只要你手上的牛股够牛，涨得很高就可以了。每个人在股票市场都是自私的，不会有人与自己的利益作对。行情是在你还在犹豫的时候出现的，明明自己看到行情好像要启动了，自己还有点犹豫时，黑马就奔腾向上了，此时又不敢买进。就这样一下子与黑马擦肩而过！逃顶也是很重要的，在行情的系统风险出现时，不管好股坏股都会有不同程度的下跌。不要有机会不走，等到暴跌连续出现了才去砍仓。逃顶空仓的绝招是在实际锻炼当中掌握的逃生技巧。读者可以根据自己的经验结合本章的技巧融会贯通，操作的风险会大大减小，获利的机会则又增加了。

第一节 滚雪球法则

我们投资股票市场最主要是为了赚钱，小部分有钱人是为了寻快乐。在巨大的差价面前，没有多少人会受得了金钱的诱惑。股票正好提供了合法的途径。部分呼风唤雨的机构，在牛市中运作的都是非常厉害的黑马，小股民很难抓住，就算抓住了，也很难持有到最后!经常出现买了所谓的黑马股，却放走了真正的大黑马。最后股价大幅上涨后又不敢追进，白白错过了最好的赚钱机会。滚雪球法则就是要看好主要的赚钱机会一次次地操作，不要老是为了买芝麻而卖掉西瓜。为了买股票而卖出股票通常有很大的风险：第一是卖出的价格是否合理，会不会卖出后马上大幅攀升；第二是新买进的股票是否会跑赢刚卖出的股票，短线机会是否具有爆发的可能。

下面讲述一下滚雪球的法则。第一，就是不能追高买已经涨幅很多倍，主家正处于出货阶段的股票。这种股票根本没有解套的机会，主力只想把股票在高位卖掉，就算大盘走高，主力也不会推得太高，只会更加快速地把手中的筹码变为现金。因此不能买进出货阶段的股票。第二，就是不要为了买股票而卖出股票。通常匆忙地卖出股票的结果都是会后悔的。如果没有仔细分析股价的趋势，为了买进某只股票而卖出，是经常会两边挨巴掌的。投资者自身的心理素质很重要。只有保持平稳的操作心得，按照最有利的方式操盘，顺势调整自己的仓位，才是回避风险最重要的手段。学会调整仓位才会赚钱。

股票本来是没有生命的，一旦进入了市场，在市场上交易，便立刻显示出其个性，正如人的个性有沉默寡言、有活泼好动一样，股票的个性也有热烈的和冷僻的。股性是股票对股市的适应程度，是我们判断股票的活跃程度，从而决定买卖股票的重要参考。

现在很多股评提出所谓“不看指数做个股”的观点，本人不敢苟同。此类言论实属“只见树木不见森林”的愚人之见。大盘走势与个股的关系，正如森林与树木，只有茂盛的森林方能长出参天大树，荒山秃岭即便有树，一是长不大，二是难成森林。

如何把资金像滚雪球一样滚大呢?如果你在 1969 年投入量子基金区区 1000 美元，25 年后的 1995 年就变成了 215 万美元，中国股市企盼的是这样的投资基金。如果你自己不行，可以看看有没有资金实力很强的机构运作是以基金的模式进行的，而且是出类拔萃的基金管理人员在尽心经营的。

只有投资获利的目标定得高，才有可能做到挖掘“钱力”，人尽“其财”。高收益目标像是挂一幅“嫦娥奔月”，最后能否实现并不重要，然而最要紧的是，这个最高收益目标将能激发个人投资者自身最大的内动力，鼓舞着你一次次像嫦娥那样执着地“奔月”。

人在股市开阔的是眼界，丰富的是知识，锤炼的是品性，增值的是财富，充实的是人生。如果你设立了自己在股市中的奋斗目标，就一往无前地去行动吧，你会得到你想得到的东西的！它能磨炼你的意志，成功的人生将从你付出无比的努力和艰辛的劳动中所得到。

下面介绍一下“滚雪球”的法则（参见图 11–1）：

在非常规的市场才有特殊的收益。每次把握一些

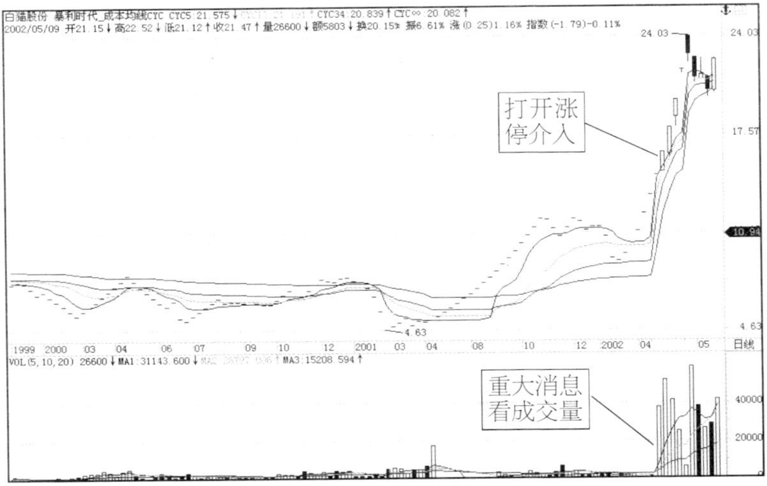

图 11–1

严重超跌的股票，风险系数很小的低价股是黑马诞生的摇篮。我们滚雪球的目标是一次机会要捕捉50%收益的股票。平时要多看翻倍的股票的运作方式和具体的成交量变化和你常用技术指标细微的不同，并进行深入的分析。研究得越是深入，理解得越是深，你捕住黑马的几率就越高。

(1)先判断大盘走势，是否符合个股的抄底。

(2)观察个股的走势，是否有翻倍的机会和资金动能。

(3)观察盘面的变化，判断主力庄家是否有足够的资金推动股价的推升。

(4)风险是否大于收益，如果风险不大，就可以开始考虑介入。

(5)严重超跌反弹和主升浪是发财的主要机会。

如果你认为以上几点，现在的股市都具备了，那么，你不要错过现在的机会，马上开始实施你的计划吧!犹豫不决是失败的最主要原因，如果你知道每一个行业都有机会发财，股票这门生意更是你的发财机会。如果符合你的要求，适合做多的时候到来时，就是机会来临了。还有到了熊市的末段，很多股票都只剩下原来股价的1/10，遍地是低价便宜货。只要不破产，就可能重组成功，成为股票市场上新的烫手的热点。

第二节　逃顶绝招

对股票市场而言，逃顶比任何阶段都重要。如果能在股票形成头部主力庄家出货的时候成功出货离场，保住胜利果实，你就是一个英明的投资者。但是，刚刚逃顶不久又买进了，股票价格还在高位，主力机构已经出货的股票如果你还进去的话，就是等死！行情不会因为你一个人的进入而改变方向，只要你是个人投资者。如果你就是庄家，可能股价的走势会被你的买卖所左右。因此，在关键的时候，要及时迅速逃顶，以免自己的资金被套牢。灵活的战术就是要保持自己资金的安全性的同时，流通性也是很重要的。笔者作为在股票市场已经打拼 10 年的老股民，要告诫新介入股票市场的投资者要谨慎行事，不要轻易作出不理智的操作决定。在顶部和底部出现时要大胆冷静分析，把自己的保证金保护好，不要被别人给轻易消灭掉了。

每一波见顶的行情都会消灭掉一批在市场上判断错误的大户、中户和无数散户。因此，有必要一再地提醒读者，顶部出现的时候，最好空仓，不要急于操作。特别是割肉出局的股友，不要急于博回成本，否则很可能会出现大盘调整不够充分，买进后再次被套的命运。在市场火暴的时候，你可以很轻易地把自己的获利目标提高到5%以上甚至更高。但是，如果是在弱市的情况下，熊市的低迷会让很多高估自己实力的朋友亏得更快，亏得更深。也许就是因为判断大盘不够理智的原因吧。

下面介绍一下逃顶绝招 (参见图 11-2)：

(1) 如果横盘的时间过长，那么你要考虑是不是顶部要形成了。“久盘必跌”在股市当中这是很普遍的。

(2) 如果大盘进入熊市，你就要调整自己的持仓比例，尽可能减少持有股票的数量。选择逃走是很正确的。很多人会因为判断正确却不敢操作而损失严重！

(3) 如果热点涨停板的股票每天在减少，很快涨幅

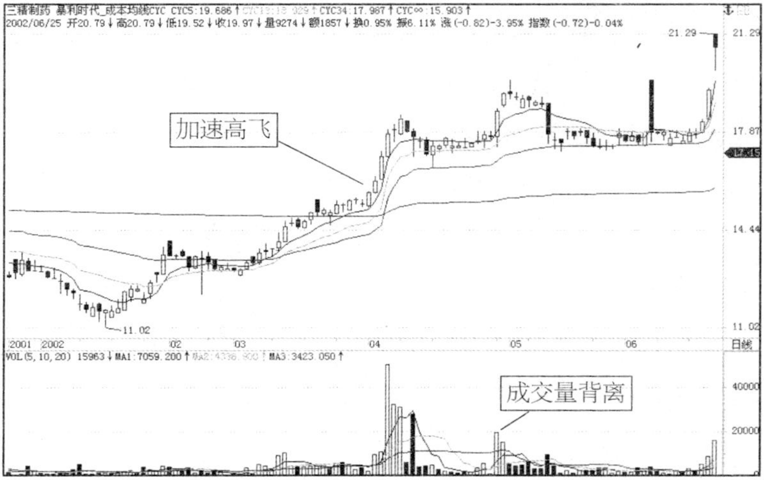

图 11-2

榜的股票递减到涨 5% 都没有的时候，大盘的热点消失，你选择出货，也是明智之举。

(4) 当跌幅榜出现连续跌停板的股票时，你就要小心了，是不是出了什么问题，大盘可能要反转了。你要随时考虑根据行情而套现你的股票。

(5) 看综合榜当中的股票需要的是认识热点，如果大盘的成交量非常少，主流板块的股票成交量跟不上，你就要开始警觉是否头部已经出现。

(6) 判断明确破位时，特别是高位出现第三次大阴线时，要果断逃顶。这可能是最后一次出局逃顶的机会。

(7) 管理层连续推出利空消息时，你要考虑，是不是现在已经超出了管理层的接受价位，股票指数是不是太高了。庄家逆政策而为，晴天不会很长久了，很快就会出现狂风暴雨了。

(8) 当资金比较紧缺的时候，供求关系出现不平衡，你就可以根据市场的形态考虑出货了。没有足够的资金是很难出现大行情的。

第三节　空仓秘笈

在做股票的时候，朋友间总是流传着一句话："会在适当时候空仓持币的投资者才是大赢家。"就是在知道股票要下跌的时候，而且非常肯定要必跌无疑的情况下，我们一定要出货。如果判断的情况和实际的情况一致时，大盘确立下跌，最好的策略就是空仓。因为只要大盘下跌，特别是暴跌，你买卖的成功获利几率非常小。涨幅榜第一位才涨1%时，你就绝对要坚持自己的观点——空仓是金，不炒为赢。在2001年的股票市场，自从6月底大盘开始跳水的时候，还在股票市场上争斗的投资者对于“必须空仓”的体会是最深刻的。因为市场上根本没有短线获利的机会提供给短线客。大家都没有反应过来是如此厉害的调整，跌破年线是熊市，再一次得到市场的印证，熊市的操作就是空仓。在连续暴跌之后再考虑短线做一两次反弹，做错也只能空仓割肉不能守仓持股，因为持有多一天资金就会缩水一天。人们很难避免普遍下跌带来的系统风险!

空仓的秘诀：

(1) 当成交量缩小到一定程度，股价不够活跃，而且下降通道形成时，要空仓。

(2) 当你已经确定股价已经上涨过大，需要回调时，短期没有上涨动力时要空仓。

(3) 当跌破重要的支持位后两天无法反弹上去，要及时空仓出局。

如果每一个投资者都能控制自己的风险，那么就不会有现在那么多人被套牢。每一个投资者都会在自己冲动的时候作出决定，也许碰上好运，赚到了点小钱，但是很快就抛掉了股票。股票的疯狂拉升总是没有那个缘分。作为短线投资者，很少会理会大盘的走势，总是被自己的不理性分析左右自己的决策，往往赚了指数亏了钱，没有把握住很多发财的机会。没有人知道行情是不是已经结束了，但是，主力机构出货一般都会有迹象的，就是最疯狂的时候，每一个投资者都要买进的时候，就是你分批卖出的良机。也许很多空仓出货的投资者都会知道这种交易方法，但是，真正去实施的投资者不多。因此，这种方法判断还是正确的。

在你不知道情况的时候要以出货为主，因为你自己都看不出机构主力想干什么，不知道主力的意图最好不要操作买进。赚钱的情况下，每一次交易都是有正面帮助的。空仓就是要做到在没有行情、机会不多的情况下，不要轻易买进。只买进不卖出，是很多股民用的操作手段。所以在股市上赢钱的始终是机构庄家，亏钱的总是散户。当熊市来临的时候，请你把所有的股票卖光。

很多真正做实业的人士，或者说越是高层的干部，就越不会动心炒股。“不炒股就不会被套牢。”也许这就是他们的真理。我们为了让现在还在股海中冲浪的朋友明白空仓的意义，不能不讲解清楚机构投资者都是想通过赚取散户、中户、大户投资者的钱的。你要清醒认识到股市就像一种游戏。没有深刻的认识，就不可能知道风险的巨大。最好的回避风险方法就是空仓。一旦出现风险系数增加，就马上减少持股仓位，最好是空仓。持有现金是最明智的做法。因为如果风险很大，不是每一个人都能幸运地回避亏损的，没有抓到最牛的股票就会亏损。强势股票也会在市道不好的时候稍微调整一下，等行情又要启动的时候，他们这些强庄股票马上就会嗅到了政府要做多的政策消息。

空仓就是要在最危险的前夕空仓。不要选择在火爆行情刚开始的时候空仓。赚钱和亏钱往往就在一瞬间。你自己感觉到顶部出现，而且非常明确自己的看法是绝对正确的情况下，毫不犹豫，你就马上空仓，把手上的股票全部清仓。一次又一次的暴涨和暴跌，你就学会看图形，每一次到了尽头的时候，往往就是事物的转折点。

要学会适当的时候进场、适当的时候离场，可以看看河池化工每一次见顶和推高的过程。也许你会知道，什么时候是作出决策的最佳时机(参见图 11-3)。

图 11–3

第四节　千锤百炼只得“狠”

笔者在股市当中遇到过很多股民朋友，很多都是在牛市当中认识的，在熊市当中很多都被股市消灭了，退出股市是他们的一致选择。行情总是这样，当你有时间看股票的时候，行情总是下跌，当你很忙干别的事情的时候，股票火爆了，你却没有时间看盘。很多朋友都是因为股市而相识，很多朋友因为股市而离别。行情就是关键。不够“狠”的人很难成就大气的风范，涨停板的喜悦很难在那些被股票吓怕的投资者脸上看到，笑脸好像很久不见了。每当大行情到来的时候，总是又看到在股民朋友脸上的久别的笑容。

市场需要的就是动力，如果没有差价可赚，投资者都不会再盲目买卖。成交量低迷，政府的税收也就下降。印花税和手续费是股票交易的主要税费，国家的证券公司每年都有丰厚的收入。在行情低迷的情况下，很多证券公司出现亏损，上市公司委托理财也出现亏损，于是，投资者消费力下降，形成了经济发展和大众消费的恶性循环。

庄家和机构都是利用自己的资金优势，提前知道上市公司的重要信息，大体在操作上很少出现失误。如果出现特殊原因，也不会没有后路，融资的渠道还是有的。操作方法我们都赞成仔细分析，实际操作中要“狠”，看准了机会就要“狠”。否则，机不再来，后悔也没有用。时机对于机构投资者来说也是很重要的，散户投资者更是要把握一些大的行情机会，做到满仓，跟庄家斗耐心、斗韧力，看谁能坚持到最后，行情走到顶峰时，看谁溜得快，谁就是真正的高手。

一般来说，投资者需要通过长期的锻炼和长期的总结分析，才可以把握住瞬间的机会。没有人是一帆风顺的，也没有个人投资者可以轻易赚钱的，那些吹嘘着半年赚几倍、一个月赚 50% 的虚假广告是用来骗新股民入市的理由，他们以巨额利润为引诱，让投资者出现了很大的冲动，然后便上当受骗了。大部分投资者都会因为庄家和机构故意推荐或看坏某只股票而影响了投资决策。很多股票一旦买错，就很难解套了。在暴跌的浪潮声中，多少散户投资者被深深套牢，原来套住的股票在行情好时，只反弹了原来的20%～30%，离解套还远着呢！我们的操作都是因为某种原因导致的，每一件事、每一个决定都是受一些导致自己作出决策的因素所影响的。有些买卖是一时的冲动，最高的时候，就冲动了、追进了，等后悔要撤单的时候已经来不及了。“你的委托已成交，不能撤单”，或者电脑上显示“你没有该笔交易撤单”。机会处处有，成功与否看你自己。没有什么可以回避失败的操作。很多人注定要失败的。因为，机构就是看着你的操作在行动，只有把你的保证金掏空了，它才满意。在最低迷的时候，还用巨量打压，就是把你赶出局，它才开始拉升，看到你又追进来了，它又开始不涨，让你认为自己的判断是错误的，自己又看错了。明明这只股票要启动了，就是盘整了两天才上涨，在这两天的震仓当中很少人能熬得住，多数信技术分析的朋友都被机构所利用，心理承受不了而割肉或平仓出来了。

往往我们看到的都是机构制造出来的假象，我们无法知道事情的真相，每一个庄股的背后都有不为人知的故事。也许，就是因为一些传奇，还有一些少数的被过分夸张的报道，模糊了人们原来雪亮的眼睛。

很多人都说："等我解套了我就出局，不炒这只股票了。"可是等你真正可以出局的时候，说明庄家机构解放全部套牢着的投资者，为什么庄家会这么好心呢?也许你更加清楚，盘整一段时间后，他还要往上做高股价。你在回调的时候还可以进点货。也许，你说："等我解套了我就出来了。"一等就是几年都没有解套的机会。人生活在套子当中，就缺乏了一些快乐，生活在闷闷不乐中，很难看到笑容。每当我看到善良纯朴敦厚的人们，生活在没有笑容的被套牢者的生活当中，我就有一种鞭策，要加油，快点写成《锦上添花》一书，给善良的人们一点希望的光。没有不变的股票操作定式，只有不断在变化的新的思维和新的板块。行情就是在你不经意间又开始了新的一轮牛市了。只有牛市可以赚到钱，特别是在中国的股票市场，不是牛市不操作，不是牛股不交易。

所谓牛市，就是股票指数在年线上方运行；所谓牛股，就是大机构运作在上升途中的黑马。没有足以推动行情上涨的成交量换手率就不要入市操作，你的风险肯定是最小的。知道自己的资金是来之不易的，你在投资买卖的时候就要谨慎再谨慎。在大行情爆发的时候要第一时间买进，并持有股票到最后行情出现有走弱迹象的时候才出局。出来之后就不要满仓盲目交易了。等待，是高手成功的主要方式，能控制自己的心情和冲动的投资者至少已经成功了一半。

只有在我们长期的锤炼自己的交易心态中，才锻炼出自己的“狠”。比庄家还要铁石心肠，冷漠无情。出货的时候就是要迅速，不能犹豫，如果有菩萨心肠的善良的人就很难逃出庄家所精心设计的头部区域。股票的头部通常都是很隐藏的，都有很大的欺骗性，一次次地培养投资者惯性思维。然后，事情就出现了转折。头部在你不敢相信的情况下出现了，暴跌，一个跌停板下来，所有的希望都破灭了！

正因为投资者的心态不够“狠”，经常要受到机构庄家的“逼空”和“轧空”。没有筹码的大涨，让很多投资者心理产生很大的压力。满仓的跌停更是伤害了

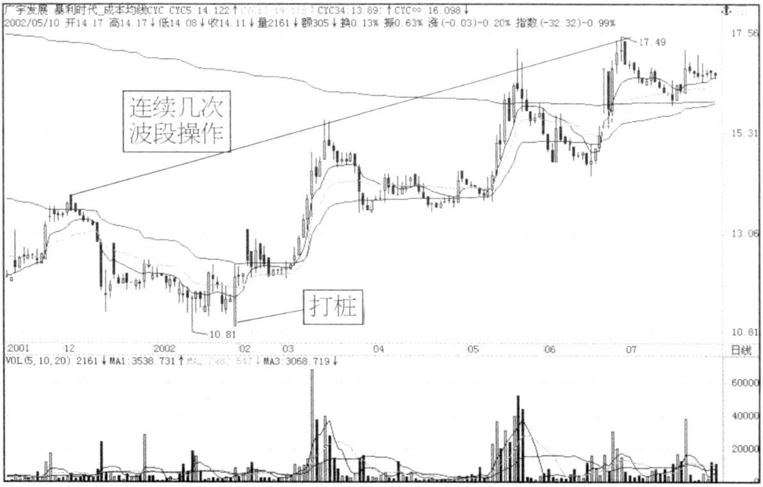

图 11-4

热情地进入股市的伤痕累累的股民。没有庄家，股市就没有活力。没有行情，散户就没有兴趣。谁也不知道明天多少只股票要涨，多少只股票要跌。不要太相信机构和言论，90%以上都是会让你钱包缩水的。只要你一冲动，就会出现你不想遇到的陷阱。诚信，在股票市场几乎每一个投资者都对它失去了信心。没有人会相信，这正是投资者的无奈和证券市场的悲哀。

第五节 独领风骚只得“准”

可以告诉大家炒股票最重要的就是一个“准”字。不管你长线、中线、短线，不管你是用什么理念作为操盘的指导，不管你是用什么股票分析软件和系统做工具，都需要你有准确的判断和正确的操作。如果没有“准”的判断，获利和赚钱就是一句空话，没有实际的现实意义。做股票和资金运作做对了就是赚大钱，做错了就会血本无归。很多大款在2001年下半年和2002年上半年栽了跟头，翻了船。

股价的走势还是沿着既定的方向在走着，损失的投资者都是逆市操作的多，不管牛市熊市都是满仓操作的多。于是，熊市突然到来的时候，还没有提高警觉，快速破位下跌之后，人就变得麻木了。准确地判断大盘走势很重要，还有就是对自己操作的股票要看得准，如果刚好该股是逆市操作的，大盘涨时它却跌，那你就会出现只赚指数不赚钱的结果。如果判断的个股准，那你不管大盘涨跌都赚钱，只是在变盘的时候才会有大的操作风险。

如果要准确必须降低投资的风险。长期跟踪股市发现一种风险比较小的投资模式，就是在暴跌之后的股票，具有很多翻倍的机会。投资者可以仔细分析，把握此类股票的机会。

如何操作超跌反弹股票?

有一类强庄股主力出货后，在较长的一段时期内基本上是单边下跌，期间没有像样的反弹，使得在回落过程中买入的投资者纷纷被套。由于这类庄股见顶之前通常累积相当大的涨幅，如果确认趋势发生转变，原则上应该第一时间斩仓离场以免越套越深。

如果万一不幸深度套牢，那么也应该择机会逢高坚决减磅套现资金，重新去选择新的投资机会。这类大幅回调的个股，当调整相当充分后也会有像样的反弹出现，那么如何去判断可能的反弹幅度呢?

通过长期观察发现，结合趋势均线与回调百分比的一种分析工具——比例线，测试这类超跌反弹幅度十分有效，而且近期这类反弹明显多了起来。

这种比例线在熊市当中最有作用，具体做法如下：

首先在之前的K线中找出最低点，然后从这个最低点垂直引出直线到达之前该股票的起动点价位，将这一垂直的直线一分为三，分别连接趋势起点与这一直线的 1/3 位置和 2/3 位置，形成两条直线即为 1/3 比例线和 2/3 比例线。

这种比例线的使用方法是这样的，如果下降趋势正处于反弹过程中，那么反弹通常在 2/3 比例线附近受阻回落。假如反弹突破 2/3 比例线，那么反弹有可能上升到 1/3 比例线附近，而这时 2/3 比例线已经变成了支持线。至于上扬行情一旦突破 1/3 比例线，将很可能发生百分之百的回补行情，之前的 1/3 比例线就成为了新的支持线。

从这类个股的整体走势看，调整行情一般很少出现长时间单边下跌，总是经过一段时间的盘跌，然后才会有反弹行情产生，这时反弹幅度就可以用比例线来判断。而一旦反弹受阻，行情继续向下调整，只要行情没有创出新低，那么原来的速度线仍会对走势产生制约。不过值得注意的是，假如行情跌穿前期低点，那么后市的反弹幅度可能用历史性高点和新低点，重新作比例线来判断会更有效。

我们需要用自己的方法准确判断个股的行情，然后，对非常有把握的个股，就要重仓买进持有。真正做到实际操作赚到钱。如果你对自己都没有信心，别人更加不会对你有信心，抓黑马的准确性是在大盘非常配合的情况下实现的。在股票市场，没有赚不够的钱，只怕你没有钱。机会就是很多，就是看你怎么投资，是不是能准确抓住市场的热点板块。

迅速而又准确地抓住黑马，是所有成功的投资者之所以成功的原因。每隔几年，中国股市都会出现一些井喷行情，很多人都没有反应过来就已经结束了，错过了很多赚钱的机会。特大利好消息出台的时候就是机会，最容易把握市场赚钱的机会了。例如在 1999 年中国证监会近期将出台券商融资的细则规定等利好措施来刺激国内股市，六大利好如下：(1)券商可按净资产的 1∶0.8 融资。(2)券商可以自身持有股票向银行做抵押。(3)允许券商与基金进入国债体系与回购市场。(4)改革发行方式，采取网上、网下各一半的方式。(5)提高上市公司质量审核标准，质量达不到的，将不宜审批。(6)近期即将降息。这些政府政策特大利好消息出台就引发了著名的“15.19”行情。还有 2002 年 6 月 24 日政府公告的特大利好消息。有两条利好消息：一是国务院决定停止通过国内证券市场减持国有股；二是中国证监会就规范增发征求意见，上市公司增发门槛要提高。受此利好刺激，深沪大盘爆发井喷行情，在大盘上扬过程中，两市成交更是放大到 944 亿元，创下历史天量。从中可以看出，市场从来不缺资金，只要信心增强了，大盘就有大行情。就消息面分析，财政部和证监会发言人指出了国有股在证券市场的减持停止不是一项权宜之计，而是结合我国经济和社会的现实发展需要作出的科学决策。由此可见，本次发布的有关“停止通过国内证券市场减持国有股”消息的规格之高是前所未有的，它是管理层为了消除市场疑虑、重树市场信心而采取的重要举措，所以该利好消息的影响对市场来说是积极的，也是深远的。大家知道，前段时间之所以主力机构不愿意积极入市最大的担心在于国有股减持，现在政策明朗了，机构投资者的顾虑打消了，在这种情况下，机构投资者更愿意做一些长线打算。那些后市潜力不可低估的股票就是大机构大单封涨停的股票，同时也预示着政策是大行情的决定因素，因此投资者的操作策略就是顺势而为，积极做多。

笔者个人认为，在大盘一天涨幅达到 100 点以上的行情是最好赚钱、最准确买进股票的时候，不可错失。每年的行情都有很多机会是当日内大涨的。也许很多投资者在不断地总结过去的操作过程当中看到自己的曙光，就是要在熊市的时候抓住长庄控盘股，在牛市的时候逮住短线连续涨停的井喷翻倍股。这样的机会就如一句名言所说的：“行情在绝望中诞生；在半信半疑中成长；在无限憧憬中成熟；在充满希望中毁灭。”我们就是要把握主升段的最疯狂的前段，在无限憧憬中就是在主力大量资金对倒拉高出货的时候发财。

后 记

拥有《宁波高手》，就是第一高手。

很多时候，总是在夜深人静，人才可以抛开都市白天的忙碌，暂时忘却心中的烦恼。也只有在深夜，人才可以精神高度集中，此时没有任何人会打扰你的思维。不少伟人都是在夜深人静的时候思考一些非常重要的事情，特别是在作出重大决策时。度过最难熬的时间，你的精神会格外的清新，思路开阔而流畅。毛主席“农村包围城市”的战略思想也是在多个不眠之夜中思索出来的。因此，如果你对自己重大的决策有疑虑，最好在深夜里静静思考后再决定。

世人往往不在乎你的经历，只在乎你是否有成就。投资往往不在乎过程，只相信结果。赢了，你就是高手，你就是庄家。亏了，你就很差劲，你就是散户。只有赢家才值得社会的认同和肯定。因此，你只有做高手，至于你用什么办法来达到你的目标，只要你想，办法总是在你的脑海里的。

看本书的朋友，你一定要做高手，做这一行业当中的佼佼者，如果你没有这个目标和志向就“千万别炒股”。只有非常专注的人才可以有所成就！特别是没有资金背景、没有社会权势的人更加要比别人专注研究，比别人勤奋百倍，才有机会成为股票投资领域的高手。记住：“只做第一、第二，不做第三”，那你就牛了！股票市场，你一旦看明白时，也就是你顿悟之时，赚钱就变得容易多了。不像很多不懂的人，在报纸、电视的股评当中不停地发表着言论，然后，更多不懂股票投资的新股民看报后看着精彩而具有煽动性的语句，加上那个“股市有风险，投资需谨慎”，还有那个让人放心的声明，“本机构、本人所知情的范围内，本机构、本人以及财产上的利益关系人与所评价的证券没有利害关系”，于是，盲目的人就开始“视死如归”地去抢购贵价货了。

盲目投资已经给广大投资者带来很大的损失，看清形势，不要被你眼前的那片树叶所迷惑了，以致连自己都找不到方向。

笔者始终坚信：那些在股市中永不言败、不断总结经验教训的探索者们，必将从股市的废墟中崛起。

笔者始终坚信：你就是股市中的传奇，你一定可以迅速崛起，秉承高超的操盘投资理念，成为人海中一颗闪耀的明星。

笔者始终坚信：追求卓越，挑战极限，在绝望中寻找希望，人生终将辉煌。

股市就是你的家，感谢你读完《宁波高手》。买了我的书，你就是我股海中最好的朋友。从此，搏击股市不再孤独与寂寞，失败中、胜利中，总有本书与你相伴共勉！

雪峰 小美